아버지가
쓰러지셨다

아버지에겐 끝까지
비밀로 남겨둘
아들의 간병 이야기

아버지가
쓰러지셨다

설민 지음

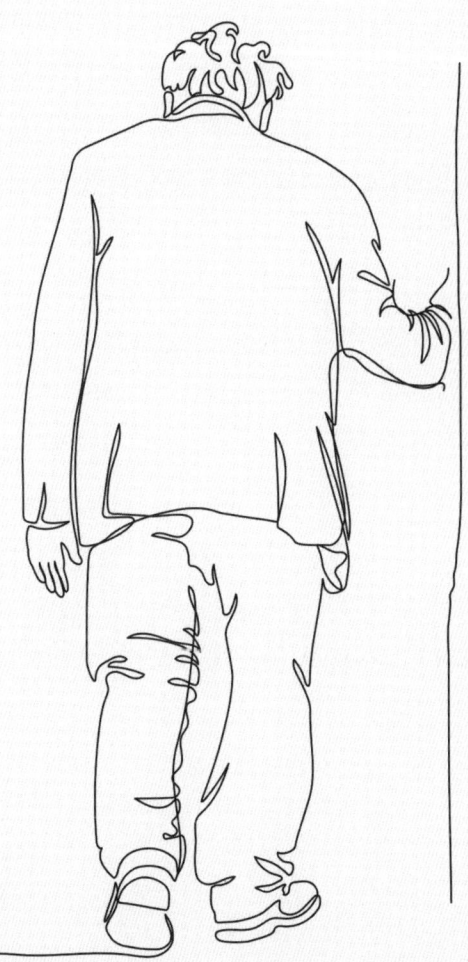

바른북스

추천사

이 책은 뇌졸중이라는 무서운 질병을 마주한 한 가족의 여정과 아버지에 대한 아들의 진솔한 심경을 담고 있다. 의사로서 매일 뇌졸중 환자들을 보지만, 이 책을 통해 그 아픔과 고통이 단지 환자에게만 국한되지 않고 가족 모두의 삶에 깊은 영향을 미친다는 것을 새삼 깨닫는다.

저자의 고백은 결코 부드럽지 않다. 그가 겪은 날들은 차갑고, 때로는 절망적이었다. 그러나 그의 글은 그 절망을 넘어, 인간의 강인한 의지를 보여주며 우리에게 삶에 대한 희망을 갖게 한다. 그 과정에서 우리는 '사랑이란 무엇인가?' '어떻게 살아야 하는가?'에 대한 깊은 물음을 던지게 된다.

병실 속 비현실적인 순간들은 마치 노래처럼 울려 퍼지며 우리의 마음을 따뜻하게 한다. 병실에서의 크리스마스처럼, 그 어느 곳에서라도 따뜻함을 발견하는 순간들이 있다. 그 속에서 우리는, 비록 한 치 앞도 알 수 없고 때로는 삶이 멈추듯 보이더라도 여전히 '살 가치가 있는' 인생이 존재함을 깨닫는다.

이 책을 읽고 나면 삶의 가장 어두운 순간조차 아름답게 느껴질 것이다. 이 가족에게 뜨거운 박수를 보내며, 이 가족의 이야기가 많은 이들에게 위로와 용기가 되길 바란다.

김형준(성모월병원 원장)

프롤로그

제각기 다른 불행한 이유 속에서도

> 행복한 가정은 모두 엇비슷하고,
> 불행한 가정은 불행한 이유가 제각기 다르다.
> – 톨스토이, 『안나 카레니나』 中 –

행복한 가정이었다. 사업이다, 정치다, 럭비공 같은 아버지 덕분에 늘 시한폭탄을 안고 살았던 우리였지만 아버지가 마음잡고 택시 운전을 시작하며 우리 가정에도 평안이 찾아왔다. 늘 허황된 꿈을 좇으며 가족 속을 썩여온 아버지가 이제야 생활인이 되었다는 생각에 가족들은 안심했고, 진심으로 응원했다.

아버지는 자주 드시던 술도 끊다시피 하셨고 가끔 엄마에게 용돈도 쥐여주셨다. 지금까지 아버지가 노동으로 돈을 버는 모습은, 내 기억엔 처음이었다. 보통의 가정에서 누릴 수 있는 소소한 행복을 엄마는 일흔이 되어서야 겨우 맛보기 시작했다. 아버지도 돈을 버는 재미와 주는 기쁨을 느꼈는지 밤 운전이 돈이 된다며 낮과 밤이 바뀐 생활을 이어갔다.

그러던 어느 날 아버지는 뇌경색으로 쓰러졌고 우리 가족은 앞으로 이떤 일이 펼쳐질지 전혀 예상할 수 없는, 끝을 알 수 없는 터널의 입구에 들어섰다.

나이가 드니 주변에 부모님 안 아픈 사람이 없었고, 나 역시 '올 게 왔구나' '누구나 한번은 겪는 피할 수 없는 과정을 이제야 나도 겪게 되는구나' 정도로 생각했다. 하지만 아무리 보편적인 일도 내가 겪으면 개별적인 일이 되듯 나에게 떨어진 숙제들은 늘 특별하게 느껴졌다. 재활병원을 여러 번 옮겨 다니며 뇌를 다친 수많은 환자를 봤지만 아버지 같은 환자는 없었고, 우리 같은 가족은 없었다.

아버지의 망상과 고집, 이해 못 할 행동들을 온몸으로 견디며 최선이 무엇일지 늘 고민했지만 의사도, 책도, 인터넷의 수많은 정보도 우리의 특별한 상황에는 답을 주지 못했다. 최선이란 건 존재하지 않았고 결국 모든 건 가족이 짊어지고 견뎌내야 했다.

간병 과정에서 느낀 생각과 경험을, 복잡한 감정을 그때그때 글로 토해냈다. 그것은 마음의 정리이기도, 희망의 기도이기도 했다. 그렇다고 상황이 달라질 건 없었지만 나는 더 단단해졌다. 내 글에 남겨주신 많은 분의 공감과 응원의 댓글을 보며 혼자가 아니라는 생각에 다시 힘을 낼 수 있었고 '잘 버텨내고 있구나' '앞으로도 잘 이겨낼 수 있겠구나'라며 나 자신을 다독일 수 있었다.

나만 위로를 받은 게 아니었다. 내 글에 위로받고 힘을 내게 됐다는 분들이 의외로 많았다. 내가 처한 특수한 상황, 개별적인 이야기는 단지 나의 이야기만은 아닐 수도 있겠다는 생각이 들었다. 몇 년간 병원 생활을 하며 놀랐던 점은 재활과 간병이라는 끝없는 싸움을 이어나가고 있는 분들이 상상 이상으로 많다는 것, 하지만 환우와 가족의 처지에서 실제로 위로받고 공감받을 길은 많지 않다는 사실이었다. 모두 저마다의 사연을 안은 채 외로운 나날을 보낼 뿐이었다. 지금도 길을 가다 '재활병원' '요양병원'을 볼 때면 그 안에 있을 수많은 사연을 상상하게 된다. 그 수많은 사연 중 하나인 나의 사연이 누군가에겐 위로가 될 수도 있겠다는 생각이 들었다.

이번 일을 겪으며 남의 기쁨과 슬픔에 같은 감정을 느끼는 '공감'이 가진 힘을 새삼 실감할 수 있었다. 공감은 그 자체만으로도 위로가 될 수 있고, 받는 사람뿐 아니라 하는 사람에게도 위로가 될 수 있음을.

아버지가 뇌경색으로 쓰러져 응급실에 실려 가신 이후 3년의 재활병원 생활, 검사 과정에서 발견된 식도암 수술, 집 간병, 암 재발로 인한 세 번째 암 수술까지. 글을 정리하며 그간의 과정이 주마등처럼 스쳐 지나갔다.

아버지의 상태에 따라 내 감정은 롤러코스터를 탔다. 분노와 좌절, 연민과 존경, 자식으로서 해서는 안 될 생각까지. 막막하고 힘든 순간의 연속이었지만 그 안에서도 웃음과 감동, 감사와 행복이 있었다. 어려운 순간마다 인내하고 희생하며 서로에게 힘이 되어주고 있는 우리 가족, 보이지 않는 곳에서 위로와 응원을 보내주신 많은 분께 깊은 감사를 전한다. 지금도 병마와 싸우고 있는 환우와 가족, 제각기 다른 불행한 이유 속에서도 행복과 의미를 찾아 고군분투하고 있는 분들에게 내 경험의 기록이 각자의 이유와 의미로 가닿아 작은 위로와 힘이 될 수 있다면 더없이 기쁠 것 같다.

목차

추천사 4

프롤로그 제각기 다른 불행한 이유 속에서도 5

I. 아버지가 쓰러지고 시험대에 오르다

아버지가 쓰러지셨다 14
아버지는 내게 다시 한번 기회를 주셨다 19
죽기 전까지 농담을 하고 싶다는 꿈 25
누군가에겐 아무것도 아닌 일상이겠지만… 32
퇴원, 입원, 그리고 다시 퇴원… 38
긴 싸움의 출발점에 서다 45
왕은 깨도 깨도 다시 나타난다 49
엄마는 아버지를 놓지 못했다 55

[여기서 잠깐] 뇌졸중이란? 59

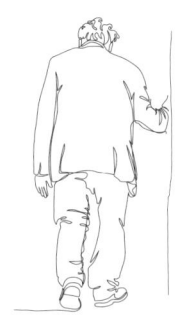

II. 감옥 같은 병실에도 희망이 있을까?

병실에도 웃음꽃은 피어난다　64
잊지 못할 병실 크리스마스　69
환상 속의 그대　74
죽어가는 오늘, 잠 못 드는 밤　82
아버지, 절 시험에 들게 하시나요　88
아버지 가슴에 대못을 박았다　95
아이를 키우는 일, 부모를 모시는 일　101
감옥 같은 병원에서 찾은 돌파구　106

[여기서 잠깐] 섬망이란?　111

III. 우리에겐 정답이 아닌 위로가 필요했다

위로? 걱정을 가장한 폭력?　116
잘 살아왔구나… 잘 살고 있구나…　121
"안녕히 주무셨어요?"라는 흔한 인사　125
엄마가 좋으면 된 거다　128
아버지에게 전략이 통할까?　135
우리 아버지가 달라졌어요　144
애증의 관계, 목사님과의 작별　149
엄마는 또 짐을 더 짊어지셨다　154

[여기서 잠깐!] 재활병원, 요양병원, 요양원　159

IV. 아버지는 우리의 삶을 쥐고 흔들었다

나는 엄마가 강하다고 생각했다　164
오늘 아버지 웃음의 이유가 나였다면　169
엄마의 교통사고, 그 와중에도 엄마는…　176
"여보, 진짜 괜찮은 거지?"　182
아버지와 함께한 5일간의 모험　188
나의 끝, 나의 시작만 생각했다　195
"너는 더 이상 내 아들 아니야!"　199
"우물 안 개구리는 행복할까, 불행할까?"　204

[여기서 잠깐!] 좌뇌 vs 우뇌　212

V. 살아가는 한 결말은 없다

간병하러, 아니 쉬러 갑니다   218
"아버지 암이란다."   222
코로나에 발목 잡힌 아버지의 암 수술   228
아버지가 처음으로 엄마에게 건넨 한마디   232
아버지가 사라졌다   237
불행인지, 다행인지…   241
"나 죽으면 엄마한테 잘해드려라."   245
시시포스의 형벌 속에서도   252

[여기서 잠깐] 개인간병 vs 공동간병 vs 가족간병   259

에필로그 "I'm Batman!"   262

I
아버지가 쓰러지고 시험대에 오르다

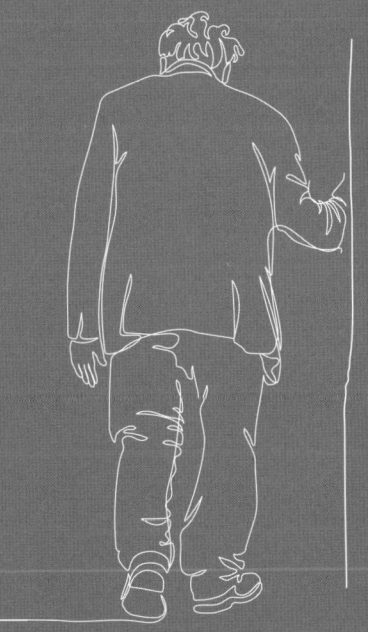

아버지가 쓰러지셨다
- 부모님이 쓰러진다면? 즉시 119에 전화부터!

이런 상황에 대처하는 가장 유익한 방법은 이 상황을 이해하고 그것에 대하여 이야기해 보려고 노력하는 것일지도 모른다.

- 알랭 드 보통, 『불안』 中 -

벌써 몇 년이 흘렀다. 지금도 여전히 진행 중이다. 아버지와 있었던 그간의 일들을, 여기저기 흩어놓은 기록을, 어지러운 내 생각을 정리하고 싶다는 생각이 들었다. '이렇게라도 하면 상황도 조금은 정리되지 않을까'라는 전혀 개연성 없는 희망을 품으며…

2020년 11월 어느 날. 외할머니에게 전화가 왔다.
'무슨 일이 일어났구나'
이 시간에 연락 올 리 없는 할머니의 번호가 뜨는 순간 불길한 예감부터 들었다.

"엄마 전화 받았냐?"

맞구나…

"너희 아버지 쓰러져서 119에 실려 가셨단다."

"예, 예."만 하다 전화를 끊고 바로 엄마에게 전화를 걸었다.

"아버지가 뇌경색으로 응급실에 오셨다. 지금 수술 안 하면 돌아가실 수도 있다고 해서 동의서 썼고 지금 막 수술 들어가셨다."

엄마가 아침에 일을 나갈 때 아버지는 거실에 누워 있었다. 그대로 나갔다면 큰일이 났을 텐데 다행히 엄마는 아버지께 말을 건넸고 아버지가 이상하다는 걸 발견했다. 소변으로 젖은 이불과 바지를 보고 놀란 엄마는 이게 대체 무슨 일이냐며 아버지를 일으켜 세워보려 했지만 아버지는 몸을 가누지 못했다. 그 상황에서도 아버지는 그저 컨디션이 안 좋은 것일 뿐 조금 있으면 일어날 수 있다며 큰소리를 쳤다.

아버지의 팔다리를 아무리 주물러도 상태가 좋아지지 않자 엄마는 사태의 심각성을 느끼고 119를 불렀다. 그때도 아버지는 이런 일로 무슨 119냐며 엄마를 타박했다.

그때는 앞으로 어떤 일이 벌어질지 전혀 몰랐다. 그저 '아버지가 곧 돌아가실 수도 있겠구나' '계속 병원 생활을 하실 수도 있겠구나' '아니면 조만간 회복하셔서 일상으로 돌아오시겠지' 정도였다.

지금 돌아보니 내가 예상한 단순한 시나리오는 모두 빗나갔다. 뇌를 다친다는 것, 간병을 한다는 것은 그렇게 단순하게 말할 수 있는 게 아니었다. 언젠가 홍혜걸 박사가 "세상에서 가장 잔인하고 끔찍

한 질병은 혈관 질환"이라고 했던 말은 거짓이 아니었다.

　소식을 들은 형과 나는 서울과 진주에서 각자 출발해 광주의 한 대학병원 응급실에 도착했다. 시술은 잘 끝났지만 그 과정에서 약간의 뇌출혈이 있었다. 일단 고비를 넘겨 다행이었지만 아버지는 우뇌 세포 대부분이 손상됐고 그로 인한 편마비로 왼쪽 팔다리를 움직이지 못했다. 뇌 손상 때문인지 상황 파악을 못 하며 알아듣지 못할 헛소리를 했다.

　엄마는 자책과 후회로 울며 괴로워했다.

　'왜 바로 119에 신고하지 않고 괜찮다는 아버지 말에 시간을 지체했을까?' '피곤과 스트레스에 절어 새벽까지 택시를 모는 아버지를 보고도 왜 말리지 않았을까?'

　엄마는 끝없는 어둠 속으로 빠져들었다. 그나마 장성한 두 아들이 곁을 지켜 다행이었다. 하지만 자책의 늪에 빠진 엄마에게 우리가 해드릴 수 있는 건 딱히 없어 보였다.

　난 '이때 이랬다면 어땠을까?' 하는 후회나 가정을 잘 하지 않는다. 그쪽으로 생각이 퍼져 가려 하면 의도적으로 생각을 끊어버린다. 타고난 기질도 있겠지만 쓸데없는 에너지 소모와 스트레스를 최소화하려는 다년간의 스위치 끄기 훈련 덕분이다. 어떤 일이건 그 나름의 의미와 느낄 점이 있고 그 안에서도 누릴 수 있는 행복이 있다고 믿는다. 누군가는 이미 겪었을 일이고 누군가는 곧 겪을 일이다. 나에게만 닥친 특별한 불행이 아니다. 특별한 불행이면 또 어떠랴. 특별한 내가, 특별하게 이겨내면 된다. 다 살아간다. 난 더 잘 살아갈 거다.

그는 인생에서 희망을 감지하는 고도로 발달된 촉수를 갖고 있었다. 희망, 그 낭만적 인생관이야말로 그가 가진 탁월한 천부적 재능이었다.

— F. 스콧 피츠제럴드, 『위대한 개츠비』 中 —

나도 어쩌면 천부적 재능을 가진 건지도 모른다. 이게 거짓된 자기 최면이 아니라 진짜 내게 부여된 천부적 재능이길 바란다. 이 상황에서도 기어코 희망을 찾아내 엄마의 시름과 한숨을 덜어드리고 싶다.

평생 엄마 고생만 시킨 아버지. 그래도 그런 아버지 없이는 못 사는 엄마.

"아빠가 불쌍해. 아빠 인생이 짠하고 불쌍해."

엄마의 말에 드라마 「나의 아저씨」 한 장면이 떠올랐다.

"고맙다. 고마워. 거지 같은 내 인생 다 듣고도 내 편 들어줘서 고마워. 너, 나 불쌍해서 마음 아파하는 꼴 못 보겠고, 난 그런 너 불쌍해서 못 살겠다. 내가 행복하게 사는 거 보여주지 못하면 넌 계속 나 때문에 마음 아파할 거고 나 때문에 마음 아파하는 너 생각하면 나도 마음 아파 못 살 거고. 그러니까 봐. 봐. 내가 어떻게 사나. 꼭 봐. 다 이 무것도 아니야 쪽팔린 거? 인생 망가졌다고 사람들 수군거리는 거 다 아무것도 아니야. 행복하게 살 수 있어. 나 안 망가져. 행복할 거야. 행복할게."

아버지가 거짓말처럼 일어나 엄마 손을 잡고 잘 살 거라 다짐하는 장면을 상상해 본다. 이 모든 상황을 한때의 해프닝으로 추억할 수 있는 그날이 오기를 간절히 바라며…

아버지는 내게 다시 한번 기회를 주셨다
- '엄마의 남편'인가, '나의 아버지'인가?

> 누군가와 좀 더 편하게 지내고 싶고, 그 사람이 자기 입맛에 맞게 행동했으면 한다면 기실 방법은 딱 한 가지뿐이지요. 그들을 그 모습 그대로 좋아하는 겁니다.
>
> — 비욘 나티코 린데블라드, 『내가 틀릴 수도 있습니다』 中 —

아버지는 응급실에서 뇌졸중 집중치료실로, 다시 며칠 후 뇌졸중 환자 입원실로 이동했다. 지금까지는 보호자 접견이 불가했는데 이젠 보호자 1인이 입원실에 24시간 상주해야 한다.

연로하신 엄마가 몇 날 며칠 계속 간병할 수 없어 형과 내가 교대로 병상을 지키기로 했다. 형이 먼저 간병했는데 하룻밤 새 기저귀를 다섯 번 갈아드렸단다.

"평생 기저귀 한번 안 갈아봤는데 내 인생 처음으로 간 기저귀가 아버지 기저귀가 될 줄은 몰랐다."

형의 말에 피식 웃음이 터졌다. 아이가 없어 기저귀 자체가 생소했을 형이 아버지 기저귀를 갈 때 어떤 생각이 들었을까?

분명 웃을 수 없는 상황에서도 예기치 않게 터지는 웃음들. 곱씹어 보면 가슴 한편이 아린 웃음들. 아버지와 함께한 내내 이런 블랙코미디는 계속됐다.

2박 3일 휴가를 내고 병원으로 향했다. 아버지는 초밥을 먹고 싶다고 했다. 아버지가 쓰러지기 두 달 전, 나는 엄마가 아르바이트를 시작했다는 속옷 가게로 불쑥 찾아갔다. 엄마는 가게 일로, 아버지는 택시 일로 식사도 제때 못 챙겨 드시는 게 늘 마음에 걸리던 차에 부모님이 좋아하는 초밥 도시락을 사 들고 가 서프라이즈를 했다. 속옷 가게에 테이블을 놓고 셋이 둘러앉아 초밥을 먹던 그때. 아버지는 그때가 떠올랐던 걸까?

맛없는 병원 밥만 먹다가 초밥을 맛본 아버지는 정말 맛있다며 엄지를 추켜올렸다. 옆 병상 아주머니는 나를 가리키며 아버지께 물었다.

"이게 누구여?"

"내 아들. 내 아들잉게 딱 알고 이런 것도 사 오제."

"오메! 아네, 알아."

지금까지 아버지는 정신이 오락가락했었는데 톡 쏘는 와사비 덕분에 정신이 돌아온 것 같았다. 간호사는 나에게 뭘 사 오려면 죽을 사 올 것이지 환자에게 무슨 초밥이냐며 쏘아붙였다.

"아버지가 초밥을 좋아하셔서요."

문득 좋아하는 것이 있고 취향이 확실하다는 건 참 좋은 거란 생각이 들었다. 난 특별히 가리는 음식도, 좋아하는 음식도 없다. 만약 내가 병상에 눕게 된다면 우리 아이들은 병문안 때 뭘 살지 난감할 것 같다. 막걸리를 사 갈 수도 없는 노릇이고. 지금부터라도 나만의 취향을 만들어야겠다. 자식 고민 하나라도 덜어주려면.

엄마는 나와 교대하며 걱정 가득한 얼굴로 주의 사항을 말씀해 주셨다. 이제 대소변이 마려우면 의사 표현을 하시고 기저귀가 아니라 통에 받으면 되니 편하단다(편하다는 말을 이럴 때 쓰는 게 맞는 건지는 모르겠지만…).

오롯이 아버지와 단둘이 있는 시간. 살면서 언제 이런 시간이 있었던가? 딱히 기억나지 않는다. 상상만으로도 어색하고 당황스럽다. 하지만 막상 이런 상황에 부닥치니 단둘이 있는 게 전혀 어색하지 않았다. 오히려 자식에게 자신의 치부를 다 드러내야만 하는 아버지가 불편하진 않으실지 걱정이었다. 아내에겐 보여줘도 자식에겐 보이고 싶지 않은 모습이 많을 텐데.

평소엔 아버지에게 다가가는 것이 쉽지 않았는데 지금은 보호자인 내가 먼저 다가가는 것이 당연한 상황이 됐다. 온몸을 주물러 드리고, 먹여드리고, 닦아드리고, 자주 말을 걸어드렸다. 막상 해보니 그리 어려운 것도 아닌데 왜 그동안 난 아버지에게 먼저 다가가지 못했을까?

아버지가 나 없이 할 수 있는 건 아무것도 없었다. 아버지는 아이가 되어버렸고 난 아버지의 아버지가 된 것 같았다. 여기저기 몸을 주물러 드리니 시원하다며 좋아하셨다.

"민아, 니가 어렸을 때 안마하는 걸 보고 넌 굶어 죽진 않을 거라고 확신했었다. 니 손은 안마에 최적화된 손이여."

"최적화된 손은 어떤 손인데요?"

"손이 살 전체에 닿으면서 힘 있는 손."

아버지께 안마를 해드린 게 언제였는지도 까마득한데 뇌세포 반이 죽은 상황에서도 내게 안마받았던 그때를 기억하고 계신다는 게, 내 손맛을 기억하신다는 게 신기했다. 어릴 땐 안마도 자주 해드렸는데… 아버지와 난 언제부터 멀어지기 시작했을까?

아버지가 좋아하시는 걸 보고 틈만 나면 안마를 해드렸다. 편마비 때문에 자꾸만 옆으로 쓰러지는 아버지를 일으켜 세우며 안마를 하려니 땀이 삐질삐질 흘렀다.

"어디 불편한 데 없으세요?"

"그걸 질문이라고 하냐? 온몸이 다 불편하제."

우문현답이네.

한 달 전, 버킷리스트 하나를 실행에 옮겼다. 뒤늦게 요리를 시작하며 할머니와 부모님 생각이 많이 났다. 평생 받아먹는 걸 당연하게 생각하며 살았던 내가 이제라도 내 손으로 음식을 만들어 대접하고 싶었다. 오로지 부모님께 상을 차려드리겠다는 목표 하나로 인천에서 광주까지 식재료를 챙겨 요리를 해드리고 올라왔다. 만약 그때 그걸 미뤘다면 얼마나 후회했을까?

이번 일을 겪으며 '사람 일은 한 치 앞을 알 수 없으니 할까 말까 고민될 때는 하는 쪽으로 선택하자' '하고 싶은 것은 미루지 말고 하자'는 신념이 더 확고해졌다.

상을 차려드리고 집으로 올라오는 길에 아버지께 전화를 드렸다.

"아버지, 이번에 좀 아쉬운 게 있었어요."

"응? 뭐?"

"이번에 부모님께 안마를 못 해드린 게 마음에 걸리네요. 다음엔 안마해 드리러 한번 내려갈게요."

그로부터 한 달이 지난 지금, 말이 씨가 되어 아버지께 안마를 해드리고 있는 이 상황이 운명의 장난처럼 느껴졌다. 그때 내 전화를 받은 아버지는 껄껄 웃으며 말씀하셨다. "넌 내 아들이지만 참 이상한 놈이여. 나 이제 행복하게 살기 위해서 가장 중요한 것이 뭔지 알 것 같다. 감동받는 능력. 그게 제일 중요한 것 같애."

아버지는 감동받는 데에 특화되신 분이다. 고속도로 휴게소 화장실에서 오줌을 누며 눈앞에 붙은 글귀를 읽고도 눈물을 흘리는 분이다. 남자가 흘리지 말아야 한다는 두 가지를 동시에 흘리고 마는, 참 말 안 듣는 아버지. 이번 뇌 손상으로 아버지가 감동받는 능력을 잃는 건 아닐지 걱정됐다. 다른 건 몰라도 아버지의 감동 뇌세포만은 살아남길 간절히 기도했다.

뇌 손상 환자로 가득 찬 병실에선 아프다고 소리치고, 담배 달라고 소리치고, 간병하는 가족의 마음을 후벼 파는 소리가 밤새도록 이어져 뜬눈으로 밤을 새웠다. 멀쩡한 사람도 여기 있으면 제정신으로 버텨내기 힘들 것 같았다.

새벽에 잠에서 깬 아버지는 헛것을 본 건지 아이들이 왔냐며 갑자기 손자들을 찾았다. 섬망 증상이었다. 난 아버지를 일으켜 앉혀 이어폰을 꽂아드리고 최근에 찍은 아이들 영상을 보여드렸다. 아버지는 잘 보이지 않는지 반응이 없다가 내게 조용히 말했다.

"소리가 큰데 다른 사람들 수면에 지장을 주지 않겠냐?"

이어폰이라 괜찮다고 말씀드렸지만 아버지는 못 알아들은 건지 같은 말을 여러 번 되물었다. 뇌세포의 반이 죽어 제정신이 아닌 상황에서도 다른 사람들에게 피해를 주지 않을까 걱정하는 아버지. 고생하는 의사, 간호사 선생님들 회식이라도 한번 시켜주게 근처 식당을 알아보라는 아버지. 환자의 신음과 불만 가득한 목소리, 보호자의 한숨 가득한 병실에서 유머를 잃지 않고 남을 배려하는 아버지의 모습은 단연 돋보였다.

나는 지금껏 아버지에게 그리 후한 점수를 주지 않았다. 아버지는 한 인간으로서, 나의 아버지로서가 아닌 엄마의 남편으로서 평가되었다. 엄마를 힘들게 할수록 아버지에 대한 평가는 박해졌다. 정작 피해 당사자인 엄마는 참고 용서하고 풀었을지 모르겠지만 내 마음 깊은 곳에서는 여전히 아버지에 대해 풀지 못한 감정들이 남아 있었다.

그런 앙금을 깨끗하게 털어낼 기회를, 엄마의 남편이 아닌 나의 아버지, 한 인간으로서의 아버지로 다시 바라볼 수 있는 계기를 아버지가 직접 만들어 주신 게 아닐까?

나에게 다시 한번 기회가 생겼다. 남은 시간, 최선을 다하고 싶다. 더 이상 그 어떤 후회나 미움도 남지 않도록.

죽기 전까지 농담을 하고 싶다는 꿈
- "꿈도 크다?" "꿈 한번 멋지다!"

> 우리 같은 사람들을 '환자'가 아닌 '생존자'라고 부르는 데는 이유가 있습니다. 저희는 전사예요. 희생자가 아니고요.
>
> - 도우 형제, 『고장난 뇌』中 -

하룻밤을 뜬눈으로 지새우니 정신이 몽롱했다. 장기간 병간호하는 가족들은 육체적 정신적으로 얼마나 힘이 들까.

나도 나이가 들었는지 주변에 부모님이 투병 중이신 분들이 많다. 그들의 소식을 접할 땐 그저 '어쩌나, 힘들겠다' 정도였지 그들이 겪는 고통에 대해 그리 깊이 생각해 보지 않았다. 하지만 이제야 조금은 알 것 같다. 힘든 상황도, 이유도, 고민도 제각각이라 그들의 상황은 그저 '힘들겠다'라는 한 문장으로 묶을 수 있는 것이 아님을. 경험해 봐야 비로소 알게 되는 것들이 있다.

아침 식사 시간. 자꾸만 한쪽으로 쓰러지는 몸을 세우며 밥을 떠 먹여 드리고 흘린 음식을 닦아드리니 아버지는 진짜 아이가 된 것 같았다. 식사 후 양치까지 하고 나니 아버지는 한결 기분이 좋아진 듯 나가자고 하셨다.

아버지를 휠체어에 앉히는 건 처음이었다. 나도 아버지도 처음인지라 기술 없이, 협조 없이 오로지 힘으로만 들어서 겨우 휠체어에 앉혀드렸다. 땀을 줄줄 흘리며 헐떡이다 문득 든 생각은 '이걸 엄마 혼자 할 수 있을까?'였다. 아버지는 휠체어에 앉아 있는 동안에도 편마비 때문에 몸이 자꾸 옆으로 쓰러졌다. 아버지가 쓰러지지 않도록 수건으로 몸을 한 바퀴 감싸 휠체어 손잡이에 말아줬었다. 1층 로비로 나가니 아버지는 커피 향이 참 좋다며 한 잔 마시고 가자고 하셨다.

뜨거운 커피를 들고 계신 것만으로도 위태로워 보여 내가 들고 조금씩 먹여드렸더니 불편하다며 혼자 마시겠단다. 환자지만 환자 취급은 받고 싶진 않은 것 같았다. 편측 무시로 시야 확보도 잘되지 않고 감각도 둔해진 아버지는 뜨거운 커피를 줄줄 흘렸다. 꽤 뜨거울 것 같았지만 자존심 때문인지 괜찮다며 끝까지 혼자 먹겠다 고집했다. '이 정도는 나도 혼자 할 수 있어!'라는 무언의 시위였다. 한참의 시위 끝에 아버지는 커피로 얼룩진 마스크를 썼다.

"커피 향이 은은하니 좋네."
"아버지가 커피 흘리길 잘하셨네요."

그렇게 한 시간 정도 바람을 쐬고 들어와 재활치료실로 향했다.

아버지가 재활 운동을 하는 동안 난 옆에서 트레이닝 코치처럼 아버지를 독려했다.

"고개 드세요! 왼쪽에 힘주세요! 더, 더! 좋습니다. 쫌만 더 힘내세요!"

아버지는 보란 듯이 열심히 페달을 굴렸다. 누가 보면 패럴림픽 준비하는 줄 알겠다. 종료 알람이 울리고 재활치료사가 그만하라고 하는데도 멈추지 않았다. '나 아직 살아 있다! 할 수 있다!'라고 온몸으로 외치는 것처럼.

재활 운동을 마치고 나오며 아버지를 띄워드렸다.

"잘하시는데요? 이렇게 열심히 하시면 금방 일어나실 수 있겠는데요?"

"그걸 말이라고 하냐? 당연히 금방 일어나지!"

아버지의 자신감과 기백만큼은 인정이다. 아버지는 갑자기 소변이 마렵다고 했다. 혼자 서 있지 못하는 아버지가 소변을 보려면 병상에 눕혀 소변 통을 대드려야 한다. 그런데 아버지는 지금 곧 나올 것 같다, 못 참겠다며 화장실로 가면 되지 왜 병실까지 가느냐고 따졌다. 아버지는 본인의 상태가 대수롭지 않은 거라 생각하는 것 같았다. 그래, 한번 해보지 뭐.

아버지를 모시고 화장실에 갔는데 당황스럽게도 장애인 화장실이 없었다. 다른 데도 아니고 대학병원 로비에 장애인 화장실이 없다니… 당황하는 나와 달리 아버지는 자신만만이었다.

"소변기 옆에 손잡이 잡고 누면 되지 뭐가 문제냐?"

하… 그러게요… 뭐가 문젤까요…

지금은 달리 방법이 없었다. 한참을 낑낑대며 아버지를 안고 일어서 화장실 안전바를 잡게 하는 데까지 성공했다. 지금껏 안전바를 사용하는 사람을 한 번도 못 봤는데 이게 누군가에겐 이토록 절실한 시설이었구나.

"아버지, 꽉 잡고 계셔야 해요!"

왼팔로 아버지를 감싸안고 오른손으로 아버지 바지를 내리려는 순간 아버지가 다급하게 외쳤다.

"잠깐!"

"?"

"내 물건은 내가 만져!"

누워 계실 때 대소변 받아드리면서 이미 볼 거 다 봤는데 이제 와서 갑자기 왜 이러시나? 누워 계실 땐 자는 척이라도 했지만, 지금은 맨정신이니 민망할 수도…

할 수 없이 앞 상황은 아버지께 맡기고 나는 뒤에서 양팔로 아버지를 끌어안고 버텼다. 우여곡절 끝에 소변보기에 성공했다. 옷에 꽤 흘리긴 했지만, 온몸은 땀으로 흥건했지만 우린 해냈다는 성공의 기쁨을 가득 안고 다시 병실로 돌아왔다.

아버지는 또 담배를 찾았다. 계속 있지도 않은 환자복 주머니를 뒤졌고 허공에 손짓하며 담배를 잡으려 했고, 저기 있는 담배를 가져오라는 말을 반복했다. 요즘 반복되고 있는 섬망 증상이었다.

여기 담배가 어디 있냐며 무안을 주기보다는 아버지가 담배라고 믿고 가리킨 것들을 하나씩 다 가져다드렸다. 담배를 못 찾아 실망한 아버지가 말했다.

"담배랑 라이타, 형이 집어 가브렀냐? 형은 왜 그런다냐? 자기가 돈 주고 사서 피워야제 왜 남의 담배를 돌라 가븐다냐? 내가 그렇게 치사하게 안 키웠는디…"

아버지는 형이 담배를 훔쳐 갔다고 믿었다. 낙심한 아버지는 고민에 빠진 듯했다. 한참 후 다시 내게 물었다.

"너 담배 어디 있는가 생각 안 나냐?"

"모르겠는데요."

"이거 보통 일이 아니네. 괜한 돈 낭비가 생겨브렀어."

지금 이 상황에서 담배 한 갑 잃어버린 게 보통 일이 아니라니… 미련을 못 버린 아버지는 옷걸이에 걸린 내 잠바를 가리키며 주머니에 담배가 있을 거란다.

"이건 제 옷이에요. 보세요. 없어요."

아버지는 이번에도 낙심한 듯 말했다.

"그렇지. 느그 형이 그렇게 허술한 놈이 아니지. 거기 숨겨놨을 리가 없지."

어디까지가 농담이고 어디까지가 진담인지 종잡을 수 없는 대화가 계속됐다. 잠시 후 아버지는 또다시 담배를 달라고 했다. 이번엔 나도 아버지를 한번 떠봤다.

"아버지, 그거 형이 가져갔잖아요."

그랬더니 아버지는 날 때리는 시늉을 하더니 웃으며 말했다.

"이놈이, 느그 형이 도둑질한다고 너는 거짓말을 하냐? 똑같은 놈들이구만. 이래서 가문이라는 게 중요한 거다."

엥? 거짓말인 걸 아시네? 어디까지가 진짜인 거야? 그 가문 수장이 아버지인 건 모르시나?

"느그 형이 아침에 뭐라고 한 줄 아냐? 내가 커피 흘려서 계속 커피 향이 난다고 했더니 나보고 흘리길 잘했다고 하더라. 그게 애비한테 할 소리냐?"

아버지는 나랑 아침에 있었던 일을 형과 있었던 일로 착각하고 있었다. 아버지는 이렇게 계속 오락가락했다. 형과 통화하며 아버지와 있었던 일을 전해주니 형이 발끈했다.

"농담이야, 진짜야? 야, 그러다 아버지가 나를 진짜 도둑놈으로 아시면 어떡하냐? 내가 가져간 게 아니라고 꼭 전해드려!"

전화를 끊고 아버지께 가서 말했다.

"아버지, 형이 꼭 전해드리라는 말이 있네요."

"뭔데?"

"형이 담배랑 라이터 안 가져갔대요."

아버지는 피식 웃었다.

"전해달라는 게 담배 한 보루도 아니고 고작 그 말 한마디 전해주라고 하디? 쪼잔한 놈! 너 아니면 느그 형 둘 중 하나가 가져갔을 것인디 이놈이 남 탓으로 돌리네."

아무리 슬픈 상황에서도 웃음과 행복은 있다. 특히 아버지의 유머는 이 상황에서 더욱 빛났다. 사람들이 나에게 소원을 물었을 때 난 늘 "죽기 직전까지 농담하다 죽는 것"이라 말했다. 실제로 난 그럴 수 있을 것 같았다. 언젠가 내 대답을 들은 누군가가 "넌 참 꿈도 크다."라고 했다. 그게 얼마나 어려운 일인 줄 아냐고.

　병실에 있어 보니 그 말이 이해됐다. 이런 상황에서 농담을 던진다는 건 결코 쉬운 일이 아니다. 뇌 기능이 온전치 않고 편마비로 거동도 힘든 아버지가 시도 때도 없이 농담을 던지는 모습은 존경스러울 정도로 멋있었다.

　그날 원무과를 오가며 서류를 떼느라 바삐 움직이며 엘리베이터를 탔는데 휠체어에 앉은 할머니가 내게 손짓하며 뭐라 뭐라 알아듣지 못할 말씀을 하셨다. 그분 역시 뇌를 다친 환자인 것 같았다. 보호자는 할머니를 말리며 나에게 죄송하다는 듯 멋쩍게 웃었다. 난 괜찮다며 보호자와 할머니께 눈인사를 했다. 할머니는 엘리베이터에서 내릴 때 손가락으로 날 가리키며 윙크를 날렸다. 순간 난 빵 터졌다. 무거운 공기 속 웃을 일 하나 없는 상황에서 근심과 걱정, 피곤에 절어 있는 이들에게 한마디의 유머와 웃음, 미소가 가진 힘이 얼마나 대단하고 값진 것인지 몸소 체험했다.

　누군가의 말처럼 죽기 직전까지 농담을 하고 싶다는 꿈이 얼마나 어려운 것인지도 알게 됐지만 그 꿈이 얼마나 멋진 것인지도 알게 됐다. 내 꿈은 여기에서 더 확고해졌다.

누군가에겐 아무것도 아닌 일상이겠지만…
– 눈앞의 과제를 해결하는 것보다 중요한 것

이 일을 얼마나 효율적으로 수행하느냐는 중요하지 않다네.
이 일을 끝내고 우리가 어떻게 느끼느냐, 그 점이 중요하다네.
– 비욘 나티코 린데블라드, 『내가 틀릴 수도 있습니다』中 –

몽롱한 둘째 날. 아버지 택시회사 동료분들이 왔다 가셨다. 감사하게도 직원분들이 십시일반으로 모은 봉투를 전달해 주고 가셨다. 택시는 시간이 돈일 텐데 바쁜 시간 쪼개 발걸음해 주신 그 마음이 감사했다.

아버지는 그 정신에도 동료들이 주고 가지 않았냐며 봉투를 달라고 했다. 아버지는 봉투에 적힌 이름을 잘 읽지 못했다. 내가 봉투에 적힌 이름과 금액을 불러드렸고 아버지는 그때마다 "아이고~" "많이 했네." "○○도 했어?"라며 리액션을 했다.

"민아, 얼른 요 앞에 괜찮은 횟집 예약해라."
"네? 무슨 횟집이요?"
"여기까지 왔는데 그냥 보내면 안 되제."
"여기가 어딘데요?"
"바닷가까지 왔으면 회는 먹여서 보내야제."
아버지는 이곳이 바닷가인 줄 아셨다. 아버지의 기억은 어디에서 멈춘 걸까?
"그분들 다 가셨어요. 아버지 퇴원하시면 그때 자리 한번 만들게요."
"아니다. 이런 건 바로바로 보답해야 한다."
아버지는 전혀 상황 파악이 안 됐다. 자꾸 내 잠바 주머니에 손을 넣어 봉투를 꺼냈고, 있지도 않은 환자복 주머니에 봉투를 챙겨 넣으려 했다. 형이 담배를 훔쳐 갔다고 믿더니 이젠 나도 못 믿는 것 같았다.
"아버지, 제가 잘 보관했다가 엄마 드릴게요. 아버지 환자복엔 주머니 없어요."
이때까지는 몰랐다. 아버지는 뇌를 다친 후로 몇 가지 망상과 집착이 생겼는데 '돈'이 그중 하나였다.
"얼른 식당 예약해라."
"그때 니가 사 온 초밥 맛있던데 거기서 도시락 20개 정도 주문하고 소주랑 맥주랑 같이 사서 사무실 가져다드려라."
본인 몸 챙기기도 바쁜 이 와중에 신세에 보답하려는 마음이 짠했다. 아버지가 평소 어떻게 사셨는지 짐작할 수 있었다.

오늘은 마지막 MRI를 찍는 날이다. MRI 결과를 보고 더 악화되지 않으면 퇴원이란다. 의사는 대학병원에서는 더 이상 해줄 치료가 없다며 재활병원 입원을 권유했다. 아버지를 휠체어에 태워 MRI실로 향했다. 지난번엔 아버지가 계속 움직이는 바람에 촬영에 실패했는데 제발 이번엔 잘 협조해 주시길.

아버지가 검사받는 동안 밖에서 대기하고 있는데 관계자 한 분이 나오셨다. 아버지가 자꾸 움직여서 촬영이 어렵다며 들어와서 아버지를 설득해 보란다.

"아버지, 절대 움직이시면 안 돼요. 조금만 움직여도 촬영이 안 된대요. 손발 올리시면 머리까지 흔들리니 딱 30분만 가만히 계세요."

간호사는 내게 밖에서 아버지를 지켜보며 아버지가 움직일 때마다 마이크로 움직이지 말라고 말하란다. 이들은 아버지가 내 말을 잘 들을 거라 생각한 걸까? 아버지는 자세가 불편한지 자꾸 다리를 올리고 손을 움직였다. 밤에 주무실 때도 계속 뒤척이는 분이 30분이나 가만히 누워 있을 리 없었다. 간호사는 아버지가 움직일 때마다 한숨을 크게 내쉬었다.

"계속 이러시면 촬영이 어렵겠는데요. 조금만 더 해보고 안 되겠으면 약물 투여를 해야 할 것 같아요."

간호사의 말을 듣고 조바심이 났다. 아버지 팔뚝은 이미 주사 자국으로 빈 곳이 없었다. 혈관을 찾지 못해 여기저기를 찌른 탓이다. 여기에 주삿바늘을 또 찌른다고? 지금까지의 고생이 다 허사가 되는 것도 아까웠다. 그럴수록 난 마이크에 대고 아버지를 다그쳤다.

"아버지! 움직이면 안 돼요! 스톱! 차렷! 이러면 촬영 안 돼요! 발,

발! 손 내리세요!"

아버지는 내 목소리가 들릴 때면 나쁜 짓 하려다 걸린 사람처럼 올리려던 팔다리를 슬그머니 내렸다. 얼마나 갑갑하실까? 일반인도 부동자세 30분은 쉽지 않은데 하루 종일 누워만 계신 분에게, 뇌 손상으로 인지가 정상이 아닌 분에게 너무 무리한 요구를 하고 있는 건 아닐까?

아버지를 다그치다가 문득 내가 지금 뭘 하는 건가 싶었다. 아버지에게 상처만 주고 있는 건 아닐까? 뒤늦게 난 말투를 바꿨다.

"아버지, 힘드시죠? 잘하고 계세요. 쫌만 참아주세요. 다 왔어요."

원래 MRI실은 입장이 금지되어 있지만 사정상 결국 마지막 몇 분은 내가 들어가서 아버지 팔다리를 잡고 촬영을 마무리했다.

"아버지, 진짜 잘 참으셨어요. 힘드셨죠?"

해냈다! 우리가 해냈구나! 휠체어 타고 로비 커피숍 가기, 재활치료, 서서 소변보기, 양치하기, 손님맞이, MRI 촬영까지. 누가 보면 아무것도 아닌 일상이겠지만 아버지에겐 엄청난 일들을 성공한 날이었다.

저녁에 엄마가 교대하러 병원에 오셨다. 이 잠깐의 교대 시간은 우리 셋이 함께할 수 있는 유일한 시간이었다. 엄마는 아버지께 물었다.

"시원한 반시 하나 줄까?"

"응? 지금이 몇 시지?"

아버지는 정신이 없어 보였다.

"7시 7분."

"그럼 아직 시간이 남았는데? 반시는 반시에 먹는 것이 반시에 대한 예의네."

시도 때도 없는 개그 본능. 아니, 정확히 7시 7분에 친 아재 개그. 아버지는 맛있다며 금세 반시 하나를 뚝딱 다 드셨다.

"하나 더 줘."

밤에 뭘 많이 드시면 소화도 안 되고 특히 반시는 많이 먹으면 변비 생길 수 있으니 그만 드시라고 하니

"반시를 반시로 남기기엔 반시에게 미안하잖아. 하나를 더 먹어야 온시가 되제."

엄마는 이 상황에 계속 실없는 농담이나 던지는 아버지가 한심하다는 듯 한숨을 푹 쉬며 말했다.

"웃긴가? 지금 재밌어?"

아버지가 답했다.

"아니. 눈물 나."

난 아버지의 여유, 이런 개그가 참 좋다.

아버지는 내가 옆에 있는 게 엄마보다 백배 편하다며 엄마에게 들어가라고 했다. 엄마도 내심 내가 더 있어 주길 바라는 눈치였다.

"민이 너는 상대방 마음을 참 편하게 해줘. 환자의 마음을 배려해 주는 게 느껴진다."

말씀은 고맙지만, 내가 하룻밤을 더 새울 생각을 하니 너무도 막막했다. 한편으론 젊은 내가 이 정도인데 엄마는 얼마나 힘드실지

생각하니 아버지가 나를 편하게 생각하시는 게 다행이란 생각이 들었다.

어쩌면 난 간병에 특화된 사람일지도 모른다. '살 전체에 닿으면서 힘 있는' 손의 촉각, 똥오줌 냄새도 아무렇지 않게 잘 맡는 무딘 후각, 아버지가 먹다 남긴 병원 밥도 군소리 없이 잘 먹는 손상된 미각, 아버지 뒤척이는 소리에 자다가도 반응하는 예민한 청각까지 갖췄으니.

엄마를 보내드리고 아버지와 또 하룻밤을 보내게 됐다. 내 인생에서 아버지와 함께 보내는 가장 긴 시간이다. 많은 시험과 도전, 갈등 상황이 펼쳐질지 모른다. 그때마다 중요한 것이 무엇인지, 간병의 본질을 떠올려야겠다. 눈앞의 과제를 해결하는 것보다 중요한 것은 아버지의 마음을 살피는 것, 아버지를 배려하고 존중하는 것 아닐까? 그것이 오늘 아버지가 엄마가 아닌 나를 택한 이유였을 것이다. 결과보다 중요한 것이 과정이라는 상투적인 말은 진실이었다. 아버지와 난 앞으로 어떤 추억을 남기게 될까? 거기서 우리는 어떤 것을 느끼게 될까?

퇴원, 입원, 그리고 다시 퇴원…
- 재활병원, 함부로 갔다가는…

해야 할 일을 하라. 그리고 일어날 일이 일어나게 두라.
- 에릭 와이너, 『소크라테스 익스프레스』中 -

"어떻게 이럴 수가 있어! 담배를 얼마나 더 참으라는 거야! 내가 이 병원 가만 안 둬!"

옆 환자가 또 소리치며 소동을 부렸다. 밤만 되면 증세가 더 심해졌다. 수면제를 먹고도 내내 뒤척이며 허리 아프다, 일으켜 주라, 나가자던 아버지가 이제야 겨우 잠들었는데 옆 환자 고함에 깨 "맞아, 담배!" 하며 또 담배를 찾았다. 이 웃지 못할 돌림노래는 밤새도록 이어졌다.

그동안 돈은 있다가도 없고, 없다가도 있는 거라며 돈에 큰 의미를 두지 않고 살았는데 저 환자 고함에 이 사달을 겪고 있으니 돈

없으면 몸이 고생하는구나 싶었다. 돈만 있으면 당장 일인실로 옮기고 싶었다.

아버지는 자꾸 기저귀를 벗으려 했다. 기저귀 밴드를 바지 주머니로 착각해 담배를 찾는다며 하도 쑤셔대는 통에 이미 밴드는 너덜너덜해진 상태였다.

"이것 좀 벗겨주라."

혹시라도 기저귀 없는 무방비 상태로 대소변을 본다면 큰일이었지만 아버지를 믿어보기로 했다.

"벗겨드릴 테니까 대소변 마려우시면 꼭 말씀하셔야 해요."

아버지는 알겠다고 했다.

한밤중에 아버지는 들릴 듯 말 듯 한 소리로 말했다.

"소변."

긴장 상태로 거의 눈만 감고 있던 나는 벌떡 일어나 소변 통을 빼들었지만 이미 사태는 벌어지고 난 뒤였다. 침대와 바닥까지 대참사가 벌어졌다. 하… 미리 말씀을 하시지.

모두 취침 중인 이 시간에 시트를 갈 수는 없었다. 일단 대충 닦고 수건으로 덮은 다음 아버지의 환자복을 갈아입혔다. 혹시라도 내가 아버지를 탓하는 말을 하거나 한숨을 쉬거나 힘든 내색을 하면 아버지가 더 미안함을 느낄 것 같아 말없이 옷을 갈아입혔다.

"아버지, 혹시 또 마려우시면 그때 미리 말씀해 주세요."

다음 날 아침, 아버지는 맥을 못 췄다. 수면제의 약효가 이제 나타난 것 같았다. 말도 없고 몸에 힘도 없었다. 침상을 세워 아버지를 앉혀드리고 잠깐 화장실에 다녀온 사이 아버지는 앞으로 고꾸라진 채 일어나지 못하고 있었다. 아이고… 눕혀드리고 갔다 올걸… 간병인에게 아버지는 늘 긴장하며 잠시도 눈을 뗄 수 없는 환자였다.

"이 집 활어회 돼요? 메뉴판 있어요?"

아버지가 내게 갑자기 회 이야기를 하신다. 잠깐, 존댓말을 쓰시네? 지금 나한테 하는 말씀이 맞나?

"여기가 어디예요?"

"목포. 식당."

상태가 더 안 좋아진 것 같다.

"제가 누구예요?"

"식당 직원."

아버지는 이제 여기가 어디인지, 내가 누군지도 못 알아봤다. 어제까진 좋았는데… 상태가 이 정도인데 담당 교수님은 오늘 퇴원을 하란다. 대학병원에서는 더 해줄 게 없다며 병원에서는 자리가 빈 재활병원에 예약을 해주었다.

아버지를 재활병원으로 모시기 위해 사설 앰뷸런스를 불렀다. 공교롭게도 이날은 수능시험 일이었다. 아버지와 엄마가 구급차에 올라타는 모습을 보니 시험시간에 늦어 구급차와 경찰차를 타고 시험장에 들어가는 수험생이 떠올랐다. 부모님도 시험장으로 향하는 기분일까?

하필 점심시간에 도착하는 바람에 우린 응급실에서 대기해야 했다. 아버지는 병원 밖 공기를 마시니 이제 담배를 피울 수 있겠다고 기대한 모양인지 엄마에게 담배를 요구했다. 반복되는 담배 타령에 엄마는 아버지께 그런 말 좀 그만하라며 딱 잘라 거절했고 아버지는 급기야 엄마를 협박했다.
"내 인내심에도 한계가 있네. 빨리 가져와! 자꾸 이러면 나도 폭력성이 나오네!"
그러면서 베개를 집어 던졌다. 내게는 한 번도 보여주지 않았던 모습이었다. 자식에겐 꾹꾹 억눌렀던, 혹은 나만 몰랐던 모습이 엄마 앞에선 가감 없이 표출되었다. 난 아버지가 던진 베개를 주워 아버지 옆으로 갔다.
"아버지, 그때 옆 병상에서 담배 달라고 밤새도록 소리치던 사람 기억나시죠? 그분 보면서 어떠셨어요? 보기 안 좋으셨죠? 아버지도 이 기회에 담배 끊으세요."
"그래… 끊어야지."
설득이 통한 건가? 이렇게 쉽게? 이렇게 호락호락한 분이 아닌데?
"그런데 이렇게 끊는 건 아니지. 이렇게 되면 나는 오기로 더 피워브러!"
그럼 그렇지.
"그렇긴 하지만 지금 끊으시더라도 아버지 의지로 자발적으로 끊으시는 거예요. 금단현상 때문에 힘드시겠지만 한번 노력해 보세요."
아버지는 한참을 씩씩거리며 혼잣말을 했다. 평생을 자유롭게 살던 분이 본인 스스로 할 수 있는 것도, 뜻대로 되는 것도 없으니 화가 날 만도 했다. 이제 아버지에겐 누구의 감시도 없이 누릴 수 있는 혼자만의 시간, 일탈의 시간은 끝났다.
입원 전 여러 검사를 마치고 드디어 입원실로 옮겼다. 입원실 내부를 본 순간 엄마와 난 말문이 막혔다. 응급실은 응급실이니 그렇다 치더라도 병실은 괜찮을 거라 일말의 희망을 품었는데 상황은 더했다. 구석진 방에 창문 하나 없고, 병실도 달랑 하나. 다닥다닥 붙은 침대에 누워 있는 사람은 임종을 기다리는 듯한 중증 환자들뿐이었다.

코로나로 보호자 방문조차 금지라는데 이곳에 아버지만 놓고 갈 생각을 하니 고려장 하는 기분이 들었다. 하지만 이제 와서 다른 방법이 없었다. 병원에서 요구한 물품들을 사서 넣어드리고 아버지와 작별할 시간. 엄마는 내내 참았던 울음을 터뜨렸다.

"엄마, 뭐 큰일 났어요? 왜 울어요?"

난 엄마에게 별일 아니라는 듯 말했지만 나 역시 올라오는 눈물을 꾹꾹 눌렀다. 나마저 울면 안 될 것 같았다. 누워 계신 아버지를 꼭 안아드렸다.

"아버지, 요 며칠간 아버지랑 함께하면서 얘기도 많이 하고 좋은 추억 많이 남겼네요. 금방 다시 올게요. 재활 열심히 하셔서 건강한 모습으로 봐요."

아버지는 내게 일으켜 달라고 손짓하셨다. 아버지는 내 손을 있는 힘껏 움켜잡으셨다. 아버지도 이별의 상황을 알고 계신 듯했다. 아버지는 나를 안고 내 귀에 속삭였다.

"내가 생각해 봤는데… 지금 이렇게 작별 인사를 할 때가 내가 담배를 피울 수 있는 마지막 기회인 것 같다. 밖으로 나가자! 일으켜 세워봐!"

아이고… 이 눈물 나는 이별의 순간까지 산통을 깨는 아버지… 존경합니다.

"일어나지도 못하시는데 어딜 가시려구요. 여기 병원이에요. 담배 피울 곳도 없어요."

"뒷일은 내가 알아서 할게! 일으켜 세워주기만 해!"

결국 그냥 아버지를 다시 눕혔고 버둥거리는 아버지를 뒤로한 채 병실을 나왔다. 엄마는 엘리베이터에서도, 차에서도 계속 눈물만 흘렸고 난 어떤 말을 해야 할지 몰랐다.

"엄마, 저도 이런 곳에 아버지를 두고 온 게 너무 마음 아프지만 지금 상황에서의 최선은 차분히 더 좋은 병원을 알아보는 것 같아요. 우리가 병원을 너무 급하게 알아봤네요. 내일이라도 병원 옮기면 되죠."

엄마는 한시라도 빨리 병원을 옮기고 싶어 했다.

"엄마, 식사부터 하러 가시죠. 저 사흘 동안 한 끼밖에 못 먹었어요. 어디로 갈까요?"

엄마는 곰탕집에 가자고 했다. 일 마치고 아버지와 자주 갔던 곳이란다. 엄마는 아버지와 갔던 곳이 아니면 아무 곳도 모르고 어디에도 가지 않는다. 그렇게 마음고생하셨으면서도 아버지밖에 모르는 바보다.

엄마는 곰탕을 시켜놓고 계속 여기저기 전화를 하며 새 병원을 알아보셨다. 난 밥 먹다 말고 아버지 진단서를 들고 근처 동사무소로 달려가 새 병원으로 팩스를 보내며 바쁘게 움직였다. 마침 원하는 병원에 한 자리가 났고 드디어 아버지 구출 작전에 성공한 듯했다. 입원 하루 만에 내일 다시 퇴원, 또다시 입원이다.

엄마는 그제야 밥을 뜨셨고 나도 그런 엄마를 보며 한시름 놓았다. 하루하루가 참 스펙터클하구나. 우리가 할 수 있는 최선을 다했으니 더 이상의 미련도 후회도 없다. 나머지는 짊어져야 할 운명이다.

모든 게 잘됐다. 가장 필요한 상황에 내가 엄마 곁에 있을 수 있음이 감사하다. 열악한 병원에 입원한 오늘 일도 잘된 건지 모른다. 최악의 상황을 한번 경험했기에 내일 아버지를 입원시키고 헤어질 때는 그나마 마음이 가벼울 수 있을 것 같다.

다 잘되고 있다. 앞으로도 잘될 것이다. 내가 할 수 있는 거라곤 자기 위안과 희망의 주문을 외우며 운명에 몸을 맡기는 것. 그것뿐이었다.

긴 싸움의 출발점에 서다
– "하나님은 늘 이런 식으로…"

나티코, 기적이 일어날 여지를 꼭 남겨두세요.
— 비욘 나티코 린데블라드, 『내가 틀릴 수도 있습니다』 中 —

아버지는 입원 하루 만에 퇴원했다. 빨리 호전돼서 진짜 퇴원을 해야 할 텐데.

새로 입원한 병원은 외관부터 달랐다. 리모델링을 한 건지 내부는 더 좋았다. 어제 그 병원을 봐서인지 모든 게 좋아 보였다. 큼지막한 통유리로 된 병실 창으로 눈부신 햇살이 들어왔다. 넓은 재활치료실에는 운동기구가 넘쳐났고 재활치료사도 여러 명 있었다. 환자들도 재활 의지가 넘쳐 보였다. 시간표를 보니 식사 시간 빼고는 계속 재활치료와 운동이었다. 아버지 가까운 곳에 TV도 있었다. 아버지가 좋아하는 손흥민 축구 경기를 틀어드렸다.

"손흥민 또 경기했냐? 새끼, 축구도 잘하고 참 이뻐."

아버지는 TV 화면이 보이긴 하는 걸까? 아마도 본인이 보는 좁은 세상이 세상의 전부라고 알고 계실 거다. 그래도 소리라도 들으실 테니.

마침 점심시간이다. 병원 밥이 어떻게 나올지 궁금했다. 비빔밥이 나왔는데 식당 밥 못지않았다. 모처럼 맛있게 잘 드시는 아버지를 보니 여러모로 마음이 놓였다.

아버지가 앉아서 히죽히죽 웃고 있었다. 병원도 안락하고 밥도 맛있고 아버지 기분까지 좋아 보이니 참 좋다. 자세히 보니 아버지가 뭐라고 중얼거리고 있었다.

"푸라우."

"네? 뭘 풀어요?"

"풀 아웃."

"풀 아웃이요? 그게 뭐예요?"

"요 앞에 앉아 있던 놈들 다 어디 갔냐?"

아버지가 또 헛것을 본 모양이다.

"이 앞에 누가 있었어요?"

"응. 나랑 카드 치던 놈들 다 어디 갔냐?"

그새 누구랑 카드를 치셨구나. 아버지가 자유로운 곳은 상상뿐이었다.

"풀 아웃이 카드 용어예요?"

"응. 홀라에서 내 카드를 다 낼 때."

풀 아웃인지 홀 아웃인지, 아무튼 그런 게 있나 보다. 아버지는 옛날부터 노름으로 엄마 속을 썩이셨는데 여기서까지 버릇을 못 버리셨다. 환상 속에서 담배를 보시더니 이번엔 카드를 치시네. 어디까지 보여주실지 흥미진진하군. 아버지는 흡족한 표정으로 말했다.
"나 40만 원 땄어."
엄마가 한숨을 푹 쉬며 말했다.
"무슨 카드 쳐서 돈을 따! 그런 소리 그만해."
"나는 안 쳤어. 자리만 빌려주고 땄어."
그동안 엄마한테 얼마나 핑계를 댔으면 이 정신없는 상황에서도, 좌뇌만 제 기능을 하는 상황에서도 둘러대는 솜씨는 여전했다. 다년간 쌓인 내공이 이런 거구나.
아버지는 조용히 혼잣말을 했다.
"하나님이 나 담배 사라고 40만 원을 주셨네."
카드에 이은 담배 콤보다. 기승전, 담배.
엄마는 그런 아버지가 한심하다는 듯 말했다.
"무슨 하나님이 도박으로 돈을 주신당가?"
"아니네. 하나님은 늘 이런 식으로 돈을 주시네. 티 안 나게."
하루아침에 왜 날 이렇게 만들었냐고 하나님을 원망해도 이상하지 않은 판에 하나님이 돈을 주셨다며 감사해하는 아버지. 긍정적이셔서 좋구나.

형이 전화로 아버지 상태를 물었다.
"입원 잘하셨고, 병원 시설이 아주 좋아. 밥도 잘 나오고 재활시스템도 아주 좋네. 또 긍정적인 건 아버지 상태가 좋아. 기분도 좋으시고."

아버지가 40만 원 따서 기분이 좋다는 얘기를 들은 형이 말했다.

"멍청한 놈아, 그게 뭐가 긍정적이야? 또 헛것 보고 헛소리하신 거 아니야!"

"그래도 돈 잃어서 슬픈 것보다 돈 따서 기쁘신 게 낫지. 긍정적인 거 아닌가?"

"너만 긍정적이다, 이놈아!"

계속 헛것을 보고 헛소리를 하시지만 그래도 아버지가 웃으시니 좋다.

간병인 여사님께 아버지를 잘 부탁드린다고 몇 번을 인사드리고 몰래 봉투도 쥐여드리고서야 병원을 나왔다. 어제 최악의 상황에서 이별을 연습한 덕분에 오늘 병원을 나올 땐 분위기가 밝았다.

모든 게 잘된 거다. 아버지와 함께한 2박 3일. 두 번의 퇴원과 두 번의 입원. 이게 다 2박 3일에 일어난 일이라니. 참 알차게 쓴 3일간의 휴가였다.

우린 이제 막 긴 싸움의 출발점에 섰을 뿐이다. 우리 가족 모두 이 힘겨운 싸움을 슬기롭게 잘 이겨내리라 믿는다. 또 아버지 말씀대로 어려운 고비마다 하나님께서 도움의 손길을 주시리라 믿는다.

"티 안 나게."

왕은 깨도 깨도 다시 나타난다
- 간병인은 내 가족이 아니다

> 등산의 기쁨은 정상을 정복했을 때일 것이다. 그러나 최상의 기쁨은 험준한 산을 기어 올라가는 순간에 있다. 길이 험할수록 가슴이 설렌다. 인생에서 고난이 사라졌다고 생각해 보라. 그보다 삭막할 수는 없으리라.
>
> — 쇼펜하우어 —

우여곡절 끝에 아버지를 좋은 병원에 모셨고 모든 것이 잘됐다 싶었건만… 며칠 가지 않아 또 문제가 생겼다. 크고 작은 문제는 지금까지도 생기고 있고, 앞으로도 계속 생길 것이다.

모두 이미 어느 정도 예상했던 것이었지만 제발 나의 우려에서 그치기를, 현실에선 일어나지 않기만을 바랐다. 하지만 '왜 슬픈 예감은 틀린 적이 없나'라는 노랫말은 왜 틀린 적이 없는 건지…

가장 큰 문제는 간병인이었다. 코로나로 보호자 접견이 금지되었기에 우리가 믿을 사람은 간병인뿐이었다. 아버지가 입원하던 날, 우리가 할 수 있는 거라곤 간병인께 여러 번 고개를 숙이는 것뿐이었다.

내가 본 간병인은 씩씩했고, 밝았고, 베테랑 같았다. 마음이 놓였다. 하지만 난 사람을 좋게 보는 경향이 있다. 간병인이 내가 본 그대로의 사람이기를 바랐다.

며칠 뒤 엄마에게 연락이 왔다. 간병인의 태도가 돌변했다며 아무래도 간병인을 잘못 만난 것 같다고 했다. 엄마는 아버지가 좋아하는 빵과 잼, 흑초, 얼음을 챙겨 병원을 찾았는데 간병인은 이런 걸 가져오면 어떡하냐, 냉장고를 개인 물품으로 채울 수 없다며 다시 가져가라고 했단다. 아주 싸늘한 태도로.

전에 간병인이 먼저 아버지가 좋아하는 음식이 있으면 가져오라고, 챙겨드리겠다고 했었고 엄마는 그 말을 듣고 챙겨간 것뿐인데 돌변한 간병인의 태도에 크게 당황했다.

또 간병인은 엄마에게 "죽겠네, 죽겠어. 힘들어서 못 살겠네!"라며 아버지 때문에 힘들다는 티를 팍팍 내셨단다. 간밤에 아버지가 기저귀를 풀고 소변을 보는 바람에 뒤처리에 고생한 것 같았다(그것도 그 간병인은 쉬는 날이라 다른 간병인이 겪은 일이었는데도).

엄마가 할 수 있는 일은 "제가 잘못 알아들었나 보다, 죄송하다."며 고개 숙이고 잘 부탁드린다 조아리는 일뿐이었다. 엄마는 졸지에 죄인이 되었다.

엄마는 속상한 마음에 발만 동동 굴렀다. 나중에 알고 보니 그 간병인은 주변 간병인들에게도 아버지 험담을 한 모양이었다. 넓지 않은 병원에서는 말도 많고 소문도 많은데 여러 말들은 돌고 돌아 우리 귀에도 들어오게 되었다. 보호자에게 이런 태도를 보이는 간병인이 아버지에게 잘할 리 없다는 생각에 엄마의 걱정은 커져만 갔다.

엄마는 외가 식구들과 간병인에 대한 고민을 나누며 되레 걱정과 화를 키웠다. 내가 느끼기에 간병인은 실제보다 더 나쁜 사람이 되어버린 것 같았다. 간병인의 태도에 문제가 있는 건 사실이었지만 그렇다고 무작정 간병인을 탓하고 욕한다고 해결될 일은 아무것도 없어 보였다. 난 엄마에게 최대한 객관적으로, 오히려 간병인의 입장이 되어 말씀드렸다.

"간병인은 하루가 멀다고 찾아오는 가족들이 유난스럽다고 생각했을 수 있다. 계속 사식을 가져오면 문제가 될 수 있으니 단호하게 말했을 거다. 간병인은 잠이 제일 중요한데 밤까지 아버지 소변을 따로 챙기긴 힘들 것이다. 간병인 입장에선 손이 많이 가는 아버지가, 통제에 따르지 않는 아버지가 곱게 보이지 않을 수 있다. 간병인에게 가족처럼 대해주길 바라는 건 무리고 간병인도 사람인지라 힘든 걸 동료에게 얘기할 수도 있지 않겠냐. 나도 너무 속상하고 화가 나지만 우리가 할 수 있는 일은 간병인을 욕하고 걱정만 키우는 것이 아니라 병실을 옮기거나 간병인을 바꾸는 거니, 에너지를 거기에 집중하자…"

엄마는 기죽은 목소리로 겨우 대답했다.

"응… 그래… 알았어…"

엄마의 목소리를 들으니 내가 지금 뭘 하고 있나 하는 생각이 들었다. 위로가 필요한 엄마에게… 내가 한 번 더 죄인을 만들어 버린 건 아닐까?

　엄마와 전화를 끊고 내가 잘한 건지 돌아봤다. 입장 바꿔서 내 아내, 내 자식이 간병인에게 미움받고 자존감 떨어지는 일을 당해도 난 내가 말했던 것처럼 냉정할 수 있을까? 나 역시 감정적인 대응이 앞설 것도 같다. 그럴 때 누군가 옆에서 나처럼 조언한다면? 내 맘은 알고 말하는 건지 야속할 것 같다.
　하지만 이런 때일수록 냉정해야 하지 않을까? 엄마 곁에서 같이 화내고 욕해줄 사람은 있지만 나까지 그러면 안 될 것 같았다. 들어주고, 공감해 주고, 맞장구쳐주면 되지만 언제나 그게 좋은 결과를 담보하진 않는다. 결정적 한 방이 있을 때까지 증거를 모으고, 그때까진 간병인에게 굽실거리고 사정해야 한다. 더럽고 아니꼽더라도 단 1이라도 득이 되는 선택을 해야 한다. 난 그게 최선이라고 생각했다.
　간병인의 못마땅한 태도는 며칠 더 지속됐고 엄마는 맘 졸이는 날을 며칠 더 보내다가 결국 병원에 클레임을 제기했다. 병원에서는 금방 조치를 취해줄 것 같았지만 바뀐 것은 아무것도 없었다. 우린 결정해야 했다. 다른 대안을 찾아야 했다.

　문득 이 판 왕을 깨면 다음 판 더 센 왕이 나타나는 인생 게임을 하고 있다는 생각이 들었다. 하지만 이 게임은 질 수도, 포기할 수도 없고 언제 끝이 날지 알 수 없는 게임이라는 게 함정.
　세상에 쉬운 일은 없고 뜻대로 다 되지도 않는다. 복잡하게 생각

말자. 내가 어찌할 수 없는 건 어쩔 수 없는 거다. 이건 게임이다. 이 판에 나타난 왕만 생각하자. 하지만 이 게임에서는 왕을 아무리 깨고 부셔도 다른 놈이 다시 나타날 것이다. 내가 죽는 순간까지 계속.

어차피 왕을 다 깨부수는 건 불가능할 텐데 어쩌면 왕을 깨는 것보다 더 중요한 건 다른 데 있지 않을까? 엄마의 마음을 챙기는 것, 위로해 드리고 공감해 드리는 것, 옳고 그름을 따지기보다는 일단 엄마 편에 서는 것.

언제나 엄마 편이 되자. 최대한 친절하게.

> When given the choice between being right or being kind, choose kind.
> 옳음과 친절함 사이에서 갈등하게 된다면, 친절함을 선택하라.
> – R. J. Palacio, 『Wonder』 中 –

닥치는 상황을 어찌할 순 없어도, 내가 도저히 깰 수 없을 것 같은 왕이 나타나더라도, 그 어떤 상황이 닥치더라도 내가 어떤 태도를 취할 것인지는 오롯이 내가 선택할 수 있고, 그 선택은 언제나 친절하게 엄마의 편에 서는 것이어야만 한다.

> 남은 것이라고는 오로지 인간이 지닌 자유 중에서 가장 마지막 자유인 '주어진 상황에서 자신의 태도를 취할 수 있는 자유' 뿐이다.
> – 빅터프랭클, 『죽음의 수용소에서』 中 –

이 모든 걸 게임이라 생각하니 나의 선택과 태도가 명확해진다. 테트리스, 1945를 얼마나 잘했는지, 몇 판까지 갔는지, 랭킹에 이름을 새겼는지는 중요한 게 아니었다. 환한 얼굴로 오락실 문을 열고 나올 수 있었던 건 곁에 친구가 있어서였고 즐겁게 놀아서였다. 승패를 떠나 그때 우린 이미 승자였다. 인생 게임에서 승자가 되는 비결은 어릴 적 오락실에 있었다. 엄마에게 '나까지 그러면 안 될 것' 같은 게 아니라 '나니까 그래야 하는 것'이었다.

엄마는 아버지를 놓지 못했다
- 가족 간병, 남은 건 상처뿐

> 나이를 먹고 어른이 된다는 건 자기 주변을 책임질 일이 늘어 간다는 것이다.
>
> - 허지웅, 『버티는 삶에 관하여』中 -

 엄마는 간병인을 믿지 못했고 결국 간병인을 바꾸기로 했다. 하지만 새로운 간병인이 외삼촌이라는 게 문제였다.
 삼촌은 여동생의 딱한 사정을 듣고 본인이 동생 대신 간병을 하겠다며 먼저 나서 주셨다. 쉽지 않은 일인데 그 마음이 고마웠다. 엄마는 형과 나에게 의견을 물었다. 아들이고, 젊은 내가 간병하는 것도 체력적으로, 정신적으로 힘든 일인데 일흔이 넘은 연로하신 삼촌이? 쉽지 않아 보였다. 또 아버지가 삼촌을 불편해하실 것 같았다. 본인의 치부를 다 보여주는 것도, 이런저런 요구를 하는 것도 불편할 것이다. 무엇보다 간병 과정에서 가족 간에 상처받고 의가 상할 일이 가장 걱정됐다.

외삼촌이 아닌 전문 간병인으로 바꾸는 것이 어떻겠냐고 말씀드렸지만 엄마의 마음은 이미 기운 것 같았다. 새 간병인이 좋은 분이라는 보장이 없었고 아버지의 근황을 간병인을 통해서만 전해 들을 수밖에 없는 상황을 답답해하셨다. 엄마는 아버지 상황이 호전될 때까지 한두 달 정도만이라도 삼촌이 간병하길 원하셨다.

지금 제일 중요한 건 엄마였다. 모든 의사결정의 최우선 순위는 엄마여야 했다. 형과 나는 엄마가 편하신 대로 해드리자고 했고 결국 삼촌의 간병이 시작됐다.

엄마는 삼촌께 아버지 소식도 자세히 듣고 자유롭게 사식도 넣어드리고, 그편에 아버지 얼굴도 한 번씩 볼 수 있어 전보다 훨씬 낫다며 만족하셨다. 하지만 이마저도 며칠 가지 않았다. 우려했던 일은 바로 현실이 되었다.

아버지는 삼촌에게 노골적으로 싫은 티를 냈다. 삼촌이 밥을 줘도 불편하다고 거부했고 상처 주는 날 선 말들을 함부로 내뱉었다. 마치 심통 난 아이처럼 일부러 아무런 협조도 해주지 않고 온몸으로 시위했다. 엄마랑 나를 다시 데려오라는 무언의 시위였다.

똥 기저귀 다 갈아주고 닦아주며 고생하는 삼촌에게 심지어 "차라리 없는 게 낫다."라며 가버리라고까지 했다. 좋은 의도로 정성을 다했건만 돌아오는 건 그런 대접과 상처 주는 말뿐이니 삼촌은 크게 상처받고 힘이 빠졌다. 결국 삼촌은 엄마에게 더는 못 하겠다며 하소연했다.

 엄마는 인지가 정상이 아닌 아버지가 한 말을 곧이곧대로 듣고 일찍 포기해 버린 오빠에게 서운한 감정을 느꼈다. 내가 보기엔 어느 정도 예견된 일이었고 한 발 떨어져서 상황을 보니 각자의 입장이 모두 이해됐다. 엄마도 그렇게 서운해하실 일만은 아닌 것 같았다. 오히려 도와주겠다고 먼저 나서준 마음에 감사하고 상처를 위로해 드릴 일이었다.

 하지만 엄마는 당장에 닥친 이 상황이 너무 막막했다. 자식들은 멀리 있고, 일흔이 넘은 엄마 혼자 모든 걸 감당해야 한다는 현실을 아무렇지 않게 받아들이는 건 쉽지 않은 일이었다.

 이 모든 걸 함께 감당하고 힘이 되어드려야 할 아들이 곁에서 도움은 못 드릴망정 마치 평론가인 양 엄마에게 이러쿵저러쿵 조언만 하는 것도 못 할 짓이었다.

 쉬운 건 하나도 없었다. 사람 일이 마음대로 되지 않고 사람 맘이 다 내 맘 같지 않았다. 앞으로도 얼마나 많은 오해와 상처, 서운함이 남을까? 결국 어쩔 수 없이 견뎌야 할 몫이겠지.

> 나는 다른 사람을 이해한다는 일이 가능하다는 것에 회의적이다. 우리는 대부분 다른 사람들을 오해한다. 네 마음을 내가 알아, 라고 말해서는 안 된다. 그보다 네가 하는 말의 뜻도 나는 모른다, 라고 해야만 한다. 내가 희망을 느끼는 건 인간의 이런 한계를 발견할 때다. 이런 세상에 사랑이라는 게 존재한다. 따라서 누군가를 사랑하는 한, 우리는 노력해야만 한다. 그리고

다른 사람을 위해 노력하는 이 행위 자체가 우리 인생을 살아
볼 만한 값어치가 있는 것으로 만든다.

- 김연수, 『세계의 끝 여자친구』 中 -

　결국 엄마는 하던 일을 그만두고 직접 아버지를 간병하겠다고 했고 2주에 한 번씩 주말에 형과 내가 돌아가며 교대해 드리기로 했다. 아버지는 엄마의 삶은 물론 형과 나의 삶에까지 침투하기 시작했다. 주변 사람들은 직접 간병하는 건 힘들다고, 간병인을 써야 한다고 입을 모았지만 엄마는 아버지를 놓지 못했다.

　'누군가를 사랑하는 한, 우리는 노력해야만' 하고, 우린 비록 다른 사람의 입장을 백 퍼센트 이해하진 못하더라도 서로를 위해 노력하고 있다. 각자 자기 자리에서 나름대로 견뎌내며 '살아볼 만한 값어치가 있는' 인생을 만들어 가고 있다.

[여기서 잠깐] 뇌졸중이란?

뇌졸중이란

뇌졸중풍의 약자라고 할 수 있는데, 뇌가 어떤 바람에 의해 한 대 맞고 죽었다는 의미이다. 뇌혈관이 막히면 뇌경색(허혈성 뇌졸중), 터지면 뇌출혈(출혈성 뇌졸중)이고 이 둘을 합쳐 뇌졸중이라고 한다. 우리나라 사망원인 1위는 암이지만 암은 다양한 종류의 암을 포함하므로 단일 질환으로 따졌을 때 사망원인 1위는 심뇌혈관질환(협심증, 심근경색과 같은 심장질환과 뇌졸중과 같은 뇌혈관질환으로 구성)이다.

위험인자

고혈압, 당뇨, 심장질환, 흡연, 과음, 고지혈증, 비만, 운동 부족 등이 위험인자로 꼽힌다. 정기 검진으로 위험인자를 찾아 가능한 한 빨리 이를 조절하면 뇌졸중을 예방할 수 있다.

경고신호 및 증상

- 신체 한쪽에 갑자기 힘이 빠지거나 감각이 둔해짐
- 시야장애 또는 갑자기 한쪽 눈이 안 보임

- 발음이 둔해짐
- 갑자기 어지럽고 걸음이 휘청거림
- 전에 경험하지 못했던 심한 두통

골든타임

뇌경색 골든타임은 3시간. 늦어도 4시간 반이다. 이는 뇌 조직이 괴사하기 전 정맥내혈전용해제를 투여해 치료할 수 있는 시간이다. 초기 치료가 늦어지면 마비나 후유장애로 일상생활에 상당한 지장을 주고 심각한 경우 사망까지 이르게 될 수 있다.

재활에도 기한이 있다?

재활병원에 있으면 환자, 가족들의 수많은 이야기를 접하게 된다. 그중 가장 많이 듣는 얘기는 3~6개월 안에 회복하지 못하면 영영 회복이 불가능하다는 말이다. 결론적으로 틀린 말이다. 운동기능의 경우 신경 가소성이 가장 활발하게 이뤄지는 기간이 초기 3개월 이내로 알려져 있지만 이 기간이 지나도 회복은 이뤄진다. 37세에 뇌출혈을 경험하고 『나는 내가 죽었다고 생각했습니다』를 집필한 뇌과학자 질 볼트 테일러는 "뇌졸중 이후로 8년 동안 뇌의 학습 및 기능이 꾸준히 향상되었다."라고 말한다. 내 아버지 역시 뇌경색 발병 5년째를 맞고 있지만 점점 안정을 찾고 뇌의 기능을 꾸준히 회복하고 있다. 조급한 마음을 버리고 이루고 있는 작은 성취에 주목하며 끝까지 포기하지 않는 자세가 중요하다.

대처법

증상이 보이면 지체 없이 119를 불러 병원으로 가야 한다. 이것만이 유일한 살길이다. 부모님께 자주 연락드려 안부를 묻고 뇌졸중 증상과 대처법에 대해 사전에 설명해 드리며 응급 상황에 대비하는 것이 좋다. 부모님이 멀리 떨어져 계시거나 혼자 사신다면 혹시 모를 비상시를 대비해 믿을 만한 이웃의 연락처를 알아둘 필요가 있다.

II
감옥 같은 병실에도 희망이 있을까?

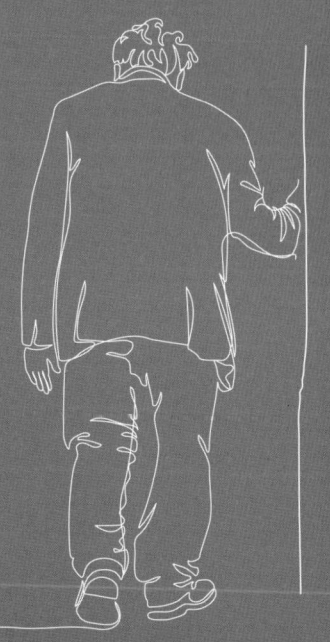

병실에도 웃음꽃은 피어난다
- 우리만 몰랐던 병실의 암묵적 규칙

모든 뇌는 저마다 사연이 있다.
- 질 볼트 테일러, 『나는 내가 죽었다고 생각했습니다』中 -

휴가를 내고 곧장 병원으로 향했다. 엄마가 직접 간병을 시작하며 옮긴 병실은 또 새로운 환경이었다.

병원에 도착해 아버지 목욕부터 시켜드렸다. 허리 수술을 두 번이나 한 엄마가 아버지를 혼자 목욕시키는 건 엄두조차 못 낼 일이었고 엄마는 내가 오기만을 기다렸다. 혹시나 미끄러지면 큰일이고 나 역시 처음 시켜드리는 목욕이라 긴장도 되고 힘도 많이 들었지만 오랜만에 머리도 감고 깨끗하게 면도까지 해 아버지가 기분 좋아하시는 모습을 보니 뿌듯했다.

아버지를 침상에 눕히고 이제야 한숨 돌리는 시간. 낯선 병실, 낯선 사람들을 스캔했다. 병실엔 총 7명의 환자가 있었고 환자당 한 명씩 간병인이 있었다. 말이 7인실이지 14인실이었다. 유일한 남자 간병인인 나를, 양복을 입고 나타난 낯선 젊은이를 그들 역시 스캔하고 있었다.

엄마는 병실 사람들이 텃세가 있다며 시집살이하는 것 같다고 했다. 아니나 다를까 옆 할머니가 말씀하셨다.

"어젯밤에 오줌 싸는 소리가 겁나 시끄럽드만 오줌 통에 화장지 조까 쑤셔 넣으쑈이!"

거동이 불편한 아버지는 소변 통을 쓰시는데 그 소리가 거슬리셨나 보다.

"아~ 그런 방법이 있었네요."

난 통에 화장지를 쑤셔 넣었다. 매의 눈으로 지켜보던 할머니가 한말씀 더 하셨다.

"더 넣으쑈!"

이어지는 잔소리에 엄마는 한숨을 내쉬었다. 아들을 홀로 두고 갈 일이 걱정된 엄마는 미안한 표정으로 쉽게 발을 떼지 못했다. 난 걱정 말고 가시라며 등 떠밀 듯 엄마를 배웅했다.

우리 방은 밤 9시가 되면 소등하고 아침 6시면 기상한다고 했다. 불도 켜고 창문까지 활짝 열어서 찬바람 때문에 일어날 수밖에 없단다. 비염이 있는 엄마는 아침 찬 공기 때문에 콧물과 재채기가 터져 고생을 좀 한 것 같았다. 단체생활의 불편함은 병원 생활에서 피할 수 없는 숙명이다.

우리를 빼곤 몇 년씩 생활하신 베테랑들이라 그분들에겐 여기가 집이었고 병실엔 이미 정해진 규칙들이 있었다. 병실 안에 화장실이 있었지만 거기서 대소변을 보면 안 됐고(방에 냄새가 난다는 이유로), 양치한 물도 거기서 헹궈서는 안 됐다(세면대가 막힐 수 있다는 이유로). 그밖에 자잘한 규칙들이 있었는데 그런 걸 알 턱이 없었던 엄마는 그간 눈칫밥을 좀 드신 것 같았다.

일찍 불이 꺼지니 고단한 하루가 드디어 끝났다는 생각에 일단 마음이 놓였다. 여기저기서 코 고는 소리가 들렸지만 아버지는 쉽게 잠들지 못했다. 아버지가 뒤척일 때마다 혹시나 어디가 불편하신지 소변이 마려우신 건 아닌지 확인하느라 쉽게 잠들지 못했다. 뒤척이기만 하고 잠이 들지도 않은 것 같은데 어느새 불이 켜지고 창문이 열렸다. 나만 빼고는 다 숙면을 취한 것 같았다.

우리 맞은편엔 스물세 살짜리 남자애가 있었다. 머리 상처를 보니 뇌수술을 크게 한 것 같았다. 무면허로 오토바이를 타다 사고가 났단다. 젊은 형이 와서 좋았는지 그 친구는 내게 핸드폰에 있는 옛날 자기 사진을 보여주었다.

"이때는 잘생겼었는데 지금은 바보 멍청이가 돼브렀네."

표정이나 하는 짓은 어린애 같았지만 전두엽의 필터링 없이 아무 말이나 다 하는 바람에 병실 내에서 온갖 미움과 타박을 받는 동네북이 된 친구였다. 하지만 그 친구 덕분에 병실에 활기가 돌았다. 나에게 처음 말을 걸어준 것도 그 친구였다.

"형, 배 안 고파? 아무것도 안 먹드만."

"응. 괜찮아."

"형, 복근 있어? 배 한번 까봐."

아버지를 보고는

"할아버지, 왜 계속 멍때려요?"

"왜 할아버지는 계속 인상을 쓰고 있어요? 인상이 더러워서 깡패인 줄 알았네."

"목욕했어요? 오늘도 불알 마사지 좀 하고 와요."

입이 거칠고 아무 말이나 막 하는 문제아. 하지만 이상하게 난 2% 모자란, 아니 2%만 자란 그 친구에게 정이 갔다.

"피곤하네. 누가 나 좀 눕혀줘."

그 친구 간병인이 잠깐 자리를 비운 것 같았다. 하지만 병실 그 누구도 들은 체하지 않았다. 내가 가서 침대를 조정해 눕혀주었다.

"형, 나 좀 더 위로 올려줘."

"양말 좀 신겨줘."

"춥네. 이불 좀 덮어줘."

어리광을 부리고 싶은 모양이었다. 나이는 스무 살이 넘었지만 뇌를 다쳐서인지 하는 짓은 애였다. 해달라는 걸 다 해주니

"내 말 들어주는 사람은 형밖에 없네. 형, 나랑 사귀자. 그냥 나랑 같이 살자."

"그건 생각 좀 해볼게."

병실 사람들은 다들 한마디씩 했다.

"총각 처음 왔다고 또 저러네. 우리도 몇 번을 당했는지 몰라. 이거 해

달라, 저저 해달라. 아주 사람을 종 부리대끼 부려븐당게. 지가 할 수 있는 건 해야 그것도 재활이여. 앞으로 절대 도와주지 말어. 버릇 들어."

듣고 보니 그 말도 맞는 것 같았다. 난 그 후 대답은 하되 직접 시중을 들어주진 않았다.

"저기 담요 있네. 손 닿지? 네가 해봐."

한번은 그 친구가 계속 실없이 혼잣말을 하며 히죽거리니 옆 병상 할아버지가 한마디 하셨다.

"야, 시끄럽다. 좀 조용히 해라."

하지만 가만히 있을 놈이 아니었다.

"너나 조용히 하세요."

할아버지는 뚜껑이 열리셨다.

"뭐 인마? 싸가지 없는 새끼 말하는 것 봐라."

"왜! 한판 붙을까? 맞짱 뜨자, 맞짱 떠!"

"너 이 새끼 오늘 디졌어! 너 이리 와!"

"니가 와 새끼야!"

병실은 일촉즉발의 상황.

하지만 웃기면서 슬픈 사실은 둘 다 못 걷는다는 것. 둘은 각자 침상에 누워 서로 네가 오라고 난리였다. 엑셀 없는 자동차들의 한판 승부랄까?

병실에도 웃음꽃은 피어난다. 웃음의 소재와 형태가 다를 뿐. 병실 개그는 내 코드에 딱이었지만, 이것도 하루 이틀이지. 어쩐지 병실 개그에 웃는 사람은 나뿐이더라.

잊지 못할 병실 크리스마스
– 또 다른 삶의 이야기가 펼쳐지는 이곳

>이 세상 사람들이 다 나보다는 착해 보이는 날이 있다.
>그날도 그런 날이었고, 그런 날은 살맛이 난다.
>
>– 박완서, 『유쾌한 오해』 中 –

 병실에도 크리스마스가 올까? 오늘은 크리스마스이브다. 병실에서 크리스마스를 보내게 될 줄이야. 오늘이 내 생애 가장 우울한 크리스마스가 되지 않을까?
 바깥세상은 어떨지 모르지만 이곳은 크리스마스의 흔적조차 없었다. 어느덧 저녁 식사 시간이 되었는데 난데없이 어두운 병실에 케이크가 등장했다. 흔들리는 촛불을 보며 병실 사람들의 마음도 함께 설레는 것 같았다. 오늘이 우리 병실 한 할머니의 생신이었고 그걸 어떻게 알았는지 옆 환자 보호자는 깜짝 이벤트로 케이크를 준비했다. 병실 사람들은 모두 모여 할머니께 생신 축하 노래를 불러드렸다.

그때 마침 엄마가 병원에 잠깐 들르셨다. 센스 있게 병실 분들께 하나씩 드릴 작은 선물과 함께. 작은 선물이었지만 뜻밖의 크리스마스 선물에 모두 감사하며 기뻐하셨다.

"이모, 왜 나는 안 줘? 내 건 없어?"

앞 병상 사고뭉치 녀석이었다. 간병하고 계신 가족들한테만 하나씩 돌린 건데 그걸 또 왜 안 주냐며 따지는 저놈도 참… 그걸 듣고 아버지가 엄마에게 말했다.

"혹시 내 거라도 하나 더 있으면 줘."

"이모, 케이크 더 없어? 케이크 더 줘."

사람들은 사고뭉치에게 케이크 맡겨놨냐, 염치도 없냐며 한마디씩 했다. 아버지는 그 애에게 먹을 것 좀 갖다주라고, 녀석이 이것저것 요구하며 어리광을 부릴 때에도 아버지는 나에게 가서 좀 도와주라고 했다.

"아프면 먹어야 힘이 나. 자꾸 먹고 싶고 그래."

병실에서 그 애 편은 아버지뿐이었다.

저녁을 먹고 아버지 머리를 깎아드렸다. 군대에서 이발을 배워두길 잘했다. 이발기가 없어 가위랑 빗만 가지고 깎았는데도 그럭저럭 괜찮았다.

"워매, 깨끗하게 이발하셨는갑소이~"

병실에 들어오니 먼저 말을 걸어주신다. 그새 병실에 계신 분들과 조금 친해진 것 같았다.

"총각은 몇 살이여?"

"마흔입니다."

"워매, 마흔? 난 서른으로 봤는디? 인상이 참 좋네이. 결혼은 했어?"

사고뭉치 녀석이 또 끼어들었다.

"워~ 충격이다, 충격! 형이 마흔이라고? 난 스물여섯으로 봤는디?"

병실 사람들과 음식을 같이 나눠 먹고 이런저런 얘기를 하는 사이 밤이 깊었다. 이제야 병실 가족의 일원이 된 것 같았다. 밤새도록 신음하는 아버지를 주물러 드리고 수발을 드는 동안 벌써 새벽이 왔다.

"워매, 눈 와야!"

새벽 5시가 조금 넘었는데 창가 쪽 할머니가 벌써 잠이 깨신 모양이다. 눈이 온다는 소리에 하나둘 잠에서 깼다. 사고뭉치 녀석은 지금 나가서 눈을 맞아야겠단다. 간병인 이모가 어딜 나가냐고 말렸지만 떼를 써서 기어이 밖으로 나갔다.

"쟈가 그래도 눈 좋아하는 것 봉께 젊네, 젊어."

이 모든 상황이 비현실적이었다. 또 다른 삶의 이야기가 펼쳐지는 다른 세상으로 들어온 기분이었다. 이분들에게는 이 병실이 현실이겠지만 나에겐 어쩌다 툭 떨어진 드라마 속 세상 같았다. 나도 조만간 이게 현실이 될지 모르지만.

내가 있을 때 아버지 목욕이라도 한 번 더 시켜드리면 좋을 것 같아 목욕 준비를 하고 있으니 앞에 계신 베테랑 간병인 분이 요령을 알려주셨다. 휠체어에 태우는 것도 시범을 보여주시고 샤워실까지 따라와 쉽게 목욕시키는 요령을 친절하게 알려주셨다. 지금까지 모든 과정을 요령 없이 내 힘으로만 했더니 젊은 나도 삭신이 쑤시고 힘이 들었는데 요령을 배우고 나니 훨씬 수월했다. 그래도 마음이 안 놓이셨는지 중간중간 와서 내가 잘하고 있는지 확인까지 해주셨다.

시원하게 때도 밀고 손톱도 깎고 면도까지 한 아버지는 기분이 좋아 보였다.

"민아, 커피 한 잔 먹자."

앞에서 보고 있던 사고뭉치가 말했다.

"커피에 미쳤구먼. 또 커피여."

드디어 2박 3일 간병을 마치고 엄마와 교대했다. 병원을 나서는데 그동안 여기 있는 분들과 친해진 것 같아 돌아서는 발길이 가벼웠다.

아버지께 다시 오겠다고 작별 인사를 드렸다. 아버지는 "민아!" 하고 부르며 내 손을 꽉 움켜잡았다.

"담배는 주고 가야지."

어휴… 그럼 그렇지…

밤이 되어서야 집에 도착해 엄마에게 전화를 걸었다. 내가 가고 난 후 그분들과 어울려 이야기도 많이 나누고 그새 친해졌단다. 몰래 막걸리도 한 잔씩 하셨단다. 엄마의 시집살이도 끝난 것 같았다. 어쩌면 엄마가 시집 생활에 이제야 조금 적응한 건지도 모르겠다. 뭐가 어떻든, 마음이 놓였다.

이번 크리스마스엔 병원에서 부모님도 뵙고, 집으로 돌아와 아내와 아이들도 보니 동에 번쩍 서에 번쩍 산타가 된 기분이다. 산타의 임무를 다했으니 오늘은 기분 좋게 한잔하고 자련다.
메리 크리스마스~

환상 속의 그대
– 그것만이 내 세상

> 아버지는 갔어도 어떤 순간의 아버지는 누군가의 시간 속에 각인되어 기억을 떠올릴 때마다 생생하게 살아날 것이다. 나의 시간 속에 존재할 숱한 순간의 아버지가 문득 그리워졌다.
> – 정지아, 『아버지의 해방일지』 中 –

엄마와 교대해 내가 간병할 차례였는데 눈이 너무 많이 내렸다. 엄마에게 전화를 걸어 이번 주엔 내려가기 힘들 것 같고 다음 주에 가야 될 것 같다고 말씀드렸다.

정적에 이은 한숨 소리. 엄마의 실망한 기색이 그대로 느껴졌다. 눈길을 뚫고 차를 몰고 내려오는 것이 무리임을 머릿속으로는 이해하셨겠지만, 주말만 기다리며 견뎠을 엄마는 순간 새어 나온 감정을 막기 어려웠을 것이다.

'엄마도 많이 힘드신가 보구나'

한참 후 엄마에게 다시 전화가 왔다. 눈이 많이 오니 오지 말라고, 당연히 엄마가 간병하는 거고 너희는 한 번씩 와서 도와주는 거니 전혀 부담 갖지 말라고 했다.

순간의 아쉬움과 서운함은 숨길 수 없었지만 다시 이성적으로 마음을 정리한 것 같았다.

"다음 주엔 꼭 갈게요."

일주일은 금방 지나갔다. 목요일 오후부터 휴가를 내고 아버지가 좋아하는 족발과 보쌈을 사 들고 병원에 갔다.

"너는 족발이랑 보쌈을 사 오면서 어떻게 소주를 안 사 올 수가 있냐?"

아버지는 여전했다. 아버지는 정말 맛있게, 또 많이도 드셨다. 이발, 면도, 목욕을 시켜드리고 때까지 밀어드리니 아버지는 정말 개운해했다.

오른 다리와 달리 앙상해진 왼 다리를 보니 마음이 짠했다. 운동을 못하면 이렇게 순식간에 근육이 빠질 수 있다는 걸 처음 알았다. 아버지는 목욕 덕분인지 밤에 깨지 않고 푹 주무셨고 다음 날 아침까지 컨디션이 좋았다.

"여긴 세상에서 제일 친절한 곳이야."

아버지는 이곳 사람들이 아버지께 특별히 잘해주신다며 여기서 본인이 제일 인기란다.

"여기 선생님들은 내 모자 한번 만져보는 걸 큰 영광으로 생각한다."

나도 자기애로 치면 어디서 안 빠지는데 확실히 아버지가 나보다

한 수 위였다.

"아마 넌 믿기 어렵겠지만 이곳 사람들이 날 신격화한다. 이건 진짜여."

아버지는 내가 범접할 수준이 아니구나. 이게 뇌 손상에 따른 망상이건 뭐건 간에 아버지가 이곳에 만족한다니 좋았다. 치료 끝날 시간이 되어 밖에서 대기하는데 치료사분이 급하게 아버지 보호자를 찾았다. 아버지가 휠체어에서 굴러떨어졌단다. 아버지 말씀으론 내가 옆에서 자고 있었고 여러 번 불러도 대답을 안 하자 날 깨우려고 일어서다 넘어진 거란다. 또 헛것을 보신 모양이었다.

"아버지, 괜찮으세요?"

"내가 순간적으로 낙법을 해서 괜찮아."

이 상황에서도 자기 자랑.

"병원이 나 때문에 발칵 뒤집어졌다. 나 넘어졌다고 위에 보고가 돼서 원장도 뛰어오고 난리가 나브렀어. 얼른 여기 선생님들 몇 명 계신지 세봐라."

"그건 왜요?"

"오늘 여기 선생님들 다 퇴근도 못 하고 밤새도록 손 들고 서 있어야 한다. 관리하는 환자가 넘어지면 그래. 미안해서 커피 한 잔씩 돌려야겠다."

대충 알겠다고 얼버무리고 다음 치료를 위해 재활치료실로 옮겼다. 치료가 끝나고 나오는 아버지 표정이 밝다.

"원장 선생님이 사람들 데리고 또 내려오셨다. 다친 데 없는지 내 상태 확인할라고. 내가 벌떡 일어서서 움직이는 걸 보시더니 깜짝 놀라면서 감동을 하시더라."

어디까지가 진짜고 어디까지가 소설인지. 아버지는 '환상 속의 그대'였다.

"원장 선생님이 뭐라고 했는지 아냐? '이렇게 놀랍게 회복이 빠른 환자는 처음입니다. 선생님을 좋은 사례로 남겨서 보고하려고 모두가 관심 갖고 지켜보고 있습니다. 선생님에게 우리 병원의 미래가 달려 있습니다'라더라."

소설이 확실하네. 하지만 아버지는 진지했다.

"그래서 내가 원장님한테 이게 다 내 담당 치료사님 덕분이라고, 나를 잘 다루시고 정말 훌륭하신 분이라고 원장님 앞에서 면 좀 세워드렸다. 고맙고 미안해서 직원들이랑 커피 사 드시라고 20만 원 드리고 왔다."

그렇게 지갑을 챙기고 돈을 세시더니 다 계획이 있으셨구만. 아버지는 통장에 잔고는 없지만 마음은 부자였고 밖에서는 늘 후한 인심을 베푸는 분이었다. 아버지 인심이 쌓이는 만큼 우리 집 돈이 샌다는 게 문제지만…

저녁 식사 후 아버지와 밖에서 커피를 마시며 오랫동안 이야기를 나눴다.

"사고뭉치가 퇴원해서 심심하시겠어요. 그래도 걔 있을 땐 병실에 활기가 돌았는데."

문제도 일으키고 활기도 불어넣었던, 아버지가 좋아했던 사고뭉치가 퇴원했고 그 자리엔 다른 분이 오셨다.

"너, 내 앞에 새로 들어온 사람 봤냐?"

그 아저씨는 큰 뇌수술을 받은 건지 머리 왼쪽이 움푹 들어가 있었다.

"그 사람, 야구 배트로 머리를 맞았다. 그것도 가장 친한 친구한테."

"진짜요? 그걸 어떻게 아셨어요? 물어보셨어요?"

"바보야, 그걸 예의 없이 어떻게 물어본다냐? 이거 완전 엉터리구만."

또 아버지 소설이 시작된 건가?

"그럼 그냥 아버지 혼자 생각이네요?"

"그걸 꼭 물어봐야 아냐? 딱 보면 알제. 너는 어떻게 된 게 그것도 모르냐?"

"그럼 친구한테 맞은 건 어떻게 아셨어요?"

아버지는 어이없다는 듯 말씀하셨다.

"아무나 야구 배트로 머리를 친다냐? 그런 건 가장 친한 놈이 치는 법이여. 제일 친한 친구 아니면 그런 짓 못 해. 똑똑한 줄 알았더니 이놈 순 엉터리구먼."

나도 인생 편하게 살기 딱 좋은 캐릭터라는 소리를 많이 듣고 살고 있지만 아버지에게 비할 바가 아니었다. 세상은 아버지 손바닥 안에서 돌아가고 있었다.

친구에게 연락이 왔다. 잠깐 얼굴이라도 보자며 곧 병원 앞에 도착한단다. 코로나 때문에 면회가 안 돼서 아버지를 두고 내가 잠깐 내려가야 했다.

"아버지, 잠깐 누워 계세요. 잠깐만 내려갔다 올게요."

아버지를 침상에 앉혀드리고 휠체어를 정리하고 있는데 갑자기 아버지가 뒤로 벌러덩 넘어갔다.

"어이쿠!"

하마터면 머리를 부딪칠 뻔. 잘못했으면 침상에서 떨어질 뻔했다. 병실에 있던 사람들이 모두 놀라 쳐다봤다.

"와, 진짜 큰일 날 뻔했다. 아까 한번 굴러서 20만 원 나갔는데 이번에 또 굴렀으면 20만 원 또 나갈 거 아니냐. 하마터면 거지 될 뻔했다."

어휴. 뇌를 다치니 이게 의도한 드립인지 진짜 아버지 생각인지 분간이 힘들다. 아버지는 계속 같이 내려가자며 버둥거렸다. 어떻게든 나가서 담배를 피워보려는 속셈이 뻔해 아버지를 눕힌 다음 제발 그냥 누워 계시라고 신신당부를 했다.

"뭐 사 오지 말라고 해라. 정 사 올 거면 담배나 한 갑 사 오라고 하고."

얼굴 잠깐 보겠다고 먼 곳까지 찾아와 준 친구들이 참 반갑고 고마웠다. 생각지도 않았는데 얼마 안 담았다며 봉투까지 건네주었다. 이런 건 아저씨들이나 주고받는 건 줄 알았는데… 봉투를 바라보며 느낌이 이상했다. 이렇게 우리도 똑같이 나이 들어가는구나. 오래 자리를 비울 수 없어 친구들과는 금방 헤어졌다. 친구들이 준 작은 상자 하나를 들고 병실로 뛰어 올라갔다. 다행히 아버지는 침상에 그대로 누워 있었다.

"손에 든 건 뭐냐?"

아버지는 물건부터 확인했다.

"애들이 떡 비슷한 거라고 주던데요? 지금 드실래요?"
아버지를 휠체어에 태워 밖으로 나갔다.
"그게 떡 비슷한 게 아니었으면 좋겠다."
또 담배 드립이겠지.
"그냥 떡이었으면 좋겠다. 내가 떡을 얼마나 좋아하는데."
예상치 못한 드립이었다. 아버지는 그 자리에서 떡을 다 드시고 물었다.
"담배는 안 사 왔든?"
시간차 공격이었다.
"네. 안 사 왔어요."
"그거 얼마나 한다고. 쪼잔한 놈들."

다음 날 점심. 엄마가 교대하러 병원에 오셨다. 어제 아버지가 휠체어에서 떨어졌다는 말을 들은 엄마는 깜짝 놀라며 어디 다친 데 없냐고 물었다.
"안 가르쳐 줘."
"아픈 데가 있으면 말을 해야지 왜 안 가르쳐 줘? 원장 선생님한테도 어디 아프다 말 안 했어?"
아버지는 씩 웃으며 말했다.
"아무한테도 안 가르쳐 줬어. 그것은 죽을 때까지 나만 아는 비밀이야."
아버지의 이런 엉뚱함과 유쾌함이 본인은 물론 가족에게도 힘이 되는 것 같다.

아버지께 지금까지 있었던 아버지의 드립들을 몇 가지 말씀드렸더니 매우 흡족하신 듯 크게 웃으셨다.

"민아, 나중에 '아버지의 말씀'이라는 책을 내보는 건 어떻겠냐?"

그럴 줄 알고 차곡차곡 기록하고 있습니다. 빨리 회복하셔서 '내가 이럴 때가 있었나?' 하고 웃으며 즐길 준비나 하시죠.

죽어가는 오늘, 잠 못 드는 밤
- 우리는 모두 하루하루 죽어간다

> 늘 아침에는 해가 뜨고 저녁이 되면 해가 집니다. 의미는 인간이 부여하는 거예요. 동이 터서 밤에 잠들 때까지 나름대로 '내'가 '나'에게 도움이 되게 살았다면 그게 오늘의 최선입니다.
>
> — 오은영,『오은영의 화해』中 —

이번 주말엔 집에 올라가지 않기로 했다. 주말부부 생활을 시작한 이후 처음이었다. 이번엔 금요일에 병실로 곧장 가 주말 간병을 하고 바로 회사로 출근할 계획이었다. 윤이에게 문자가 왔다.

"아빠가 주말에 안 오신다고 하니까 준이가 엄마랑 놀면 재미도 없고 맛있는 것도 못 먹는대요. 그리고 지금 계속 울고 난리예요. 아이고~ 불쌍해서 어쩌나."

준이가 날 이렇게 기다리는 줄 몰랐네. 짜식, 있을 때 잘 좀 하지.

바로 준이에게 전화를 걸었다.

"준아, 아빠가 집에 안 간다고 해서 많이 서운했어? 근데 아빠랑 놀 때마다 준이는 아빠가 맨날 이긴다고 짜증 냈잖아. 엄마랑 놀면 준이가 이기니까 더 좋은 거 아니야?"

"그래도 아빠랑 노는 게 더 재밌어요. 지더라도 아빠랑 놀면 도전 정신이 생겨요."

"오, 도전 정신! 그런 생각을 다 하고 기특하네. 엄마랑 연습 많이 해서 다음 주말에 붙자! 그리고 엄마한테 먹고 싶은 거 얘기하면 엄마가 다 해주실 거야."

"아빠가 해주는 요리가 더 맛있어요."

아이들이 내 음식을 기다릴 줄이야. 내 인생에서 제일 잘한 일을 꼽으라면 그중 하나가 요리를 시작한 것이다. 준이는 속상하겠지만 그런 준이와 통화하는 내내 아빠 미소가 떠나질 않았다. 아이들이 아빠의 빈자리를 느낀다는 것, 아빠를 그토록 기다린다는 것. 왠지 뭉클했다. 미안하지만 아빠에겐 아빠를 기다리는 아들도 있지만 아들을 기다리는 아빠도 있단다.

얼마 전 준이가 말했다.

"저는 나중에 적어도 아들 셋은 낳을 거예요."

이유를 물었다.

"돌아가면서 간병하려면 아들이 셋은 있어야 할 것 같아요."

형과 내가 수말에 교대로 내려가 간병하는 모습을 보고 아빠가 고생한다는 생각이 들었나 보다. 아무 생각 없는 철부지인 줄 알았는데 속으론 다 생각이 있었구나. 아니면 나중에 형이랑 둘이 부모 간병할 생각을 하니 막막해서 그랬나? 뭉클함에 나오려던 눈물이 쏙 들어갔다.

병원에 도착해 엄마와 교대했다. 내내 병원에만 있던 엄마에게 2박 3일은 짧은 시간이다. 밀린 집안일에, 병원에서 약도 타고 필요한 서류도 준비하고, 아버지 드릴 반찬도 만들고… 짐을 챙겨 병원을 나서는 엄마에게 옆 환자 보호자가 인사했다.
"언니는 좋겠네. 나도 딱 3시간만이라도 바깥 공기 쐬면서 돌아다니면 소원이 없겠네. 부럽다."
엄마를 부러워하는 사람이 있을 수도 있구나. 환자도 환자지만 환자보다 더 불쌍한 게 기약 없는 병수발로 하루하루를 보내는 배우자가 아닐까? 내가 환자라면 아픈 자신 때문에 고생하는 아내에게 고맙고 미안한 마음이 들어 어찌할 바를 모를 것 같은데 이곳에서 보면 하나같이 정반대다. 배우자를 힘들게 하고 막말하는 환자들이 더 많다. 어쩜 저리 염치가 없을까 싶을 정도로.
아프면 다들 저렇게 자기 힘든 것밖에 모르게 되는 걸까? 옛날 남자들은 다 저런 걸까? 병원에 있다 보면 이해할 수 없는 일들이 많다. 어쩌면 남들도 우릴 보며 이해할 수 없는 가족이라 생각하고 있을지도…

아버지는 내게 담배를 사 오라며 돈을 주셨다.
"아버지, 다른 건 다 해드려도 그건 안 돼요. 앞으로 또 담배 말씀하시면 저는 아무 대꾸도 하지 않을 테니까 그렇게 아세요."

"너는 그게 효도인 줄 알지? 그건 효도 아니다."

"그러다 아버지 또 쓰러지세요."

"원장 선생님이 담배 피워보고 머리에서 연기가 빠지나 안 빠지나 확인해 보라고 하셨다. 얼른 가서 사 와!"

아버지 고집을 꺾는 게 쉬운 일이 아니다. 한번 우기기 시작하면 답이 없다. 또 언제까지 실랑이해야 하나. 아버지는 몇 년 전 하인두암에 걸려 수술했다. 원인은 담배였다. 이번 뇌경색도 담배와 무관치 않을 텐데 그런 분이 아직도 담배를 찾는다.

"의사 선생님이 아버지 담배 피우시면 이번엔 돌아가실 수도 있대요."

"내가 죽을 고비를 두 번이나 넘긴 사람이여. 난 죽는 거 안 무섭다. 얼른 사 와. 내가 사 오면 보루로 살 건데 니가 사면 한두 갑만 살 거 아니냐. 그게 낫지."

"아버지는 안 무서우실지 모르겠지만 저는 무서워요. 아버지 이렇게 되시고 엄마, 형, 저까지 모든 가족이 아버지한테 매달려 있잖아요. 아버지는 혼자의 몸이 아니에요."

그 뒤로도 아버지는 계속 고집을 부렸지만 난 아무런 대꾸도 하지 않았다. 다시 병실로 들어가 아버지를 눕히니 낑낑거리며 다시 자리에서 일어났다. 전엔 눕혀드리면 혼자 못 일어났지만 이젠 요령이 생겨 혼자 겨우 일어날 정도가 됐다. 그래도 아직 왼쪽 팔다리가 마비라서 걷지 못하는데 마음은 이미 뛰고 있다. 현실 세계와 상상의 세계가 달라 큰 사고가 날 뻔한 적이 한두 번이 아니었다. 그러니 눈을 떼지 말고 계속 지켜봐야 했다. 아버지는 자리에서 일어나

침대를 잡으며 한 걸음씩 걸으려 했다.

"어딜 가려고 그러세요! 이러다 또 넘어지면 큰일 나요."

나는 눕히려, 아버지는 버티려 실랑이가 있었다. 병실 사람들은 걱정스러운 눈으로 우리의 몸싸움을 지켜봤다. 결국은 나의 승리였지만 아버지는 몹시 분한 것 같았다. 일그러진 표정으로 씩씩거리며 말이 없었다.

그렇게 냉랭한 분위기로 시간이 흘러 취침 시간이 되었다. 아, 오늘 하루도 가긴 가는구나. 하지만 병실에서 오직 한 사람, 나의 하루는 아직 끝나지 않았다. 아버지는 밤에 또 탈출을 시도했다. 혼자 자리에 앉아 신발을 찾았다.

"나가야겠다. 신발 좀 신겨라."

"이 밤중에 어딜 나가시게요?"

"갈 데가 있으니까 그러제. 빨리 신겨!"

다 자는 밤에 이게 무슨 민폐인지. 왜 이렇게 쓸데없이 고집이 세신 건지. 그렇게 눕히고 일어나고를 몇 번 반복했다. 누가 이기나 한번 해보자는 것 같았다.

"못 나가시니까 포기하고 주무세요. 저는 오늘 날밤 새울 거니까 알아서 하세요. 아버지, 일부러 저 잠 못 자게 하려고 이러시는 거 아니죠?"

아버지는 힘으로는 내게 안 된다는 걸 느꼈는지 감정에 호소했다.

"뇌가 다쳐서 그래. 뇌 다치면 이래. 빨리 신발 신겨."

"뇌는 아버지만 다치셨어요? 여기 있는 분들 다 뇌 다치신 분들인데 다들 그냥 주무시잖아요. 왜 아버지만 통제에 안 따르고 자꾸 고집을 부리세요! 저는 안 자고 여기 버티고 서 있을 테니까 맘대로 하세요!"

　난 아버지가 보란 듯이 침대 옆에 문지기처럼 서 있었다. 아, 오늘이 첫날인데 벌써 자긴 글렀구나. 모레까지 어떻게 버티나. 그렇게 2시간 정도 대치하다가 아버지는 지쳐 잠들었지만 난 잠이 오지 않아 뜬눈으로 밤을 새웠다. 군 시절 생각이 났다. 제대하는 날만을 기다리며 빨리 시간이 가기만을 바랐던 그때. 아침에 눈 뜨면 빨리 오후가 되길, 오후가 되면 빨리 취침 시간이 오길 바라던 그때.

　이게 병원에서의 일상이다. 그냥 시간이 빨리 가주기를 바라며 버티는 삶. 물론 이곳에 있는 모두는 빨리 회복해 일상으로 돌아가기 위해 최선을 다하는 중이다. 하지만 가끔 우울한 생각이 들 때가 있다. 모두가 그저 하루하루 시간을 죽이며 연명하는 것처럼 보일 때가 있다. 나도, 보호자들도 다 마찬가지다. 아버지 대소변을 도와드리고 목욕을 시켜드리고, 안마해 드릴 때는 보람도 느껴지고 그런 생각이 들지 않지만 재활 스케줄이 없는 주말이 되면 힘들고 무료한, 정신적 에너지가 소모되는 시간들이 찾아온다. 어두컴컴한 병실에서 모두 자거나 핸드폰만 보며 시간을 죽이는.

　우리는 모두 하루하루 죽어간다. 나 역시 오늘 내 삶의 소중한 하루가 죽어가고 있는데 그저 빨리 시간이 가기만을 바라다니. 거동 못 하는 환자들과 내가 다를 게 뭐란 말인가. 그렇다면 이곳에서 내가 할 수 있는 건 뭘까? 이런저런 잡념들로 잠 못 드는 밤이다.

아버지, 절 시험에 들게 하시나요
- 원망과 분노로 피가 끓어올랐다

> 내가 이 상황에 대해 말하고자 하는 바는 이것이다.
> 이 일을 완벽하게 제대로 해내기란 불가능하다.
>
> — 릴 틸먼, 『어머니를 돌보다』 中 —

모든 일에는 음과 양이 있다. 갓난아이가 걸음마를 시작하고 주관이 생기면 사고와 마찰이 끊이지 않듯 아버지가 몸을 점점 가눌 수 있게 되며 고집도 점점 세지고 부딪힐 일이 많아졌다. 혼자 일어나 걸으려다 넘어져 가슴을 쓸어내린 적이 한두 번이 아니었고 말도 안 되는 요구사항이 점점 늘어났다.

예를 들면 이런 거다. 아버지는 개인택시를 뽑아 병원 지하 주차장에 세워놨다고 우겼다. 아닌 줄 알지만 아버지를 납득시키기 위해 주차장을 수차례 돌고 택시회사 동료분과 통화도 시켜드리고, 관리 아저씨께 확인을 시켜드려도 믿지 않았다. 입원 전 개인택시를 갖고 싶다는 열망이 뇌 손상 이후 망상으로 굳어져 버린 것 같았다.

또 택시 운전을 하며 5억을 벌었는데 그 돈과 신용카드 모두를 엄마가 없애버렸다며 애꿎은 엄마에게 죄를 뒤집어씌웠다. 5억은커녕 5억 빚이나 없으면 좋으련만, 아버지는 입원 전에도 집안 경제가 어떻게 돌아가는지 모르는 분이었다. 병원에서 어디에 쓰려는 건지 모르겠지만 여기저기 돈 쓸 일이 많다며 매일 몇 번이고 현금인출기에 돈을 뽑으러 가자고 했다. 잔액이 없다는 걸 확인시켜 드려도 막무가내, 도돌이표였다. 여기까진 그나마 감당할 수 있는 망상이었지만 선거에 나가야 한다며 허황된 고집을 부리기 시작하면 감당하기 어려웠다.

"이번에 선거에 나가야 하는데 난 가진 것도 없고, 연설 잘하는 것이 무기인데 말이 어눌해져서 그게 제일 뼈아프다."

"권 선생(재활치료사)을 연설시키면 잘할 거다. 안 선생은 이번 내 선거에 인생을 걸어보겠다고 했다."

아버지가 선거 얘기를 할 때면 신바람이 나고 말씀이 많아지니 재활치료사들도 장단을 맞춰드렸던 것 같은데 그게 독이 된 것 같았다. 거기서 끝날 일이면 그냥 듣고 넘길 텐데 있지도 않은 선거 사무소에도 나가야 하고, 이 사람 저 사람 만나야 하고, 급하게 처리할 일들이 많다며 여기저기에 연락했고 지금 당장 나가야 한다고 고집을 부렸다. 수습은 늘 우리가 해야 했다.

답답한 병원에서 그나마 아버지가 자유롭게 할 수 있는 건 상상뿐이라서 지금까지 어떤 소설을 쓰건 상상의 나래를 펼치건 최대한 맞춰드리려 노력했다.

  인터넷 검색을 해봐도, 관련 책자에서도, 의사까지도 환자를 최대한 지지해 주는 것이 회복에 도움이 된다고 했다. 그게 뇌졸중이나 치매 환자의 망상일지라도. 전문가의 말이 맞겠지만 그럴수록 증세는 심각해졌고 가족들은 버티다 지쳐갔다. 정말 이게 최선인 건지 의심이 들었다. 아버지를 지지해 드리는 것이 망상을 기정사실로 믿게 만들며 상황을 더욱 악화시키고 있는 것처럼 보였다. 아버지는 요구를 들어주지 않는 가족들에게 불만을 표출했다. 우리는 육체적인 건 힘들지 않았다. 아버지의 말도 안 되는 요구에 대응하는 과정에서 감정을 소모하며 진을 빼는 과정이 우릴 지치게 했다. 더 이상 이대로 지켜볼 수만은 없었다. 아버지의 환상을 꺾어드릴 때가 온 것 같았다.

  "아버지, 무슨 선거를 나가시려고요?"

  "○○ 군수."

  "인터넷 쳐보니 그 군수 멀쩡히 잘 있어요. 거긴 이번에 보궐선거를 하지도 않아요."

  "그래? 그럴 리가 없는데? 안 죽었냐?"

  멀쩡히 살아 있는 사람에게 안 죽었냐니.

  "아버지, 지금 전보다 많이 회복되셨지만 아직도 아버지가 믿는 게 현실과 다른 점이 많아요. 나중에 다 말씀드릴게요."

  아버지는 내 말을 전혀 믿지 않는 것 같았다.

  "저희가 가급적 다 들어드리려고 노력하고 있지만 아버지가 혼자 상상하시는 것, 맞지 않는 것도 많다는 건 알고 계세요."

아버지의 유일한 희망일 수 있는 망상을 깨는 것, 아버지께 진실을 알려드리는 것, 아버지는 아무것도 할 수 없는 환자라는 사실을 알려드리는 것이 가혹한 일일 수 있다. 하지만 그 망상이 고집이 되어 주변 사람, 특히 엄마를 힘들게 하는 것을 보고만 있는 것은 답이 아니라는 생각이 들었다.

말도 안 되는 고집을 눈으로 확인시켜 드리려 수차례 뺑뺑이를 돌고, 잠 못 자고 대치하며 설 명절 2박 3일을 온몸으로 버텨냈다.

엄마와 교대한 뒤 장모님 댁으로 향했다. 명절에 뒤늦게 도착한 사위가 뭐가 예쁘다고, 고생 많았다며 상을 차려주셨다. 이제야 진짜 내 집에 온 듯한 안도감이 들었다. 막걸리까지 한 병 마시니 긴장과 피로가 동시에 풀리며 녹초가 되었다. 침대에 누운 지 얼마 되지 않아 전화벨이 울렸다. 엄마였다. 아… 또 뭔 일이야…

엄마 전화가 뜨면 반가운 마음보다 불길한 예감부터 든다. 엄마는 울먹이고 있었다. 내가 가자마자 아버지의 생떼와 폭언이 이어지고 있고 지금 엄마는 어쩔 바를 모르겠단다. 통화하는 도중 급박한 상황이 벌어진 건지 통화가 제대로 되지 않았고 다시 전화를 드려도 받지 않았다.

엄마가 얼마나 힘드셨으면 이제 막 교대해서 돌아간 아들에게 도와달라고 전화를 하셨을까? 난 엄마의 전화를 기다리다 다시 잠이 들었다. 잠에서 깨 핸드폰을 확인해 보니 엄마에게 걸려 온 부재중 전화가 있었다.

아버지는 엄마에게 누구를 만나기로 약속이 되어 있으니 나가야 한다고 우겼고 지금 이 몸으로 어디서 누굴 만나냐고 묻는 엄마에게 막말을 했다. 엄마에게 가까이 오지 말라고, 가버리라고, 혼자 택시 타고 가면 된다며 휠체어를 타고 병원 밖으로 나갔고 혼자 일어서려다 넘어졌다. 하마터면 큰일이 날 뻔했단다. 지나가는 사람들의 도움으로 아버지를 다시 휠체어에 앉혔지만 아버지는 엄마가 밀어서 넘어뜨렸다며 또 엄마에게 화를 내고 막말을 했다. 통제 불능의 상태가 된 것이다.

형과 나에겐 전혀 보이지 않던 모습을 배우자인 엄마에겐 가감 없이 표출했다. 어쩌면 지금까지 엄마에게 늘 있어왔던 일이었는데 이제야 내가 알게 된 것뿐일지도 모른다. 엄마도 더 이상 아들들에게 감추며 혼자 감당하는 것이 벅차고 지치셨을지도 모른다. 이 상황에서 내가 할 수 있는 건 없어 보였다. 그저 엄마를 위로하고 안정시키는 것뿐.

그날 밤, 엄마에게 다시 전화가 왔다. 이 밤중에 또 나가야 한다며 난리란다. 너무 화를 내서 어찌할 도리가 없단다. 갑자기 피가 끓어오르기 시작했다. 그동안 꾹꾹 눌러왔던 감정의 물결이 소용돌이치며 저 바닥에 가라앉아 있던, 아니 일부러 건드리지 않고 겨우 가라앉혀 놓았던 아버지에 대한 미움과 원망의 감정이 내 마음을 다 뒤덮어 버렸다.

그냥 아버지 말씀 다 무시하시라고, 한번 넘어지게 내버려두시라고, 차라리 간병인을 쓰자고… 엄마에게 감정 섞인 답들만 내놓았다. 엄마는 답이 될 수 없는 내 답안지를 들고 시름이 더 깊어지신 듯 한숨만 쉬셨다.

여리고 약한 우리 엄마. 아무리 속을 썩여도 아버지밖에 모르는 바보 같은 엄마의 모습이 안타깝고 속상해 엄마를 더 궁지로 몰아넣는 말만 계속 쏟아냈다. 아버지가 뇌경색으로 쓰러지신 이후 아버지에 대한 미움, 원망, 분노 모두 잊고 치유와 용서의 길을 가겠다 결심했는데 억눌러 왔던 분노가 다시 끓어올랐다.

지금이라도 병원에 가서 다 엎어버릴까? 다 자는 밤에, 이 새벽에 그게 가능할까? 내가 할 말을, 시나리오를 정리해 내일 아침에 바로 출발하자. 엄마가 그때까지만 버텨주시길. 내가 그린 시나리오는 패륜으로, 극으로 치달았다. 심장이 뛰어 밤새도록 잠을 잘 수 없었다. 최대한 이성적으로 생각하자. 이렇게 해서 좋을 건 하나도 없다. 알아듣지도 못하는 분에게 긴말, 분풀이를 해봐야 무슨 소용이 있겠나.

난 마음속으로 편지를 쓰는 습관이 있다. 쏟아내고 싶은 분노를 꾹꾹 눌러 담아 최대한 절제해 예의 바르게, 아버지 마음에 가닿을 수 있게 마음속 묻어뒀던 말들을 혼자 되뇌곤 했다(언젠가는 아버지 때문에 일이 손에 잡히지 않아 휴가를 내고 편지 8장을 써서 실제 아버지 앞으로 보낸 적도 있었다. 돌아온 반응은 술에 취한 채 집에 들어와 "자식 교육을 어떻게 시킨 거냐."라며 엄마에게 호통을 치다 쓰러져 잠든 아버지의 모습이었지만…). 최근 그 습관이 없어지나 했는데 이번에 다시 시작됐고, 강도는 더 세졌다. 엄마의 인생이 불쌍한 만큼, 그걸 감사해하거나 미안해할 줄 모르고 함부로 하는 아버지의 행동을 지켜볼수록 원망과 분노는 눈

덩이처럼 커졌다.

　날이 밝으면 바로 병원으로 갈 것이다. 내가 어떤 행동을 취해야 할지, 아버지께 어떤 말씀을 드릴 것인지, 나의 행동이 어떤 결과를 낳을 것인지 정해진 건 아무것도 없었다. 확실한 건, 이번엔 전과는 다를 거란 것이었다.

아버지 가슴에 대못을 박았다
- 다 쏟아버렸다

말에 감정이 담길 수 있지만 악이 전달되어서는 안 된다.

- 톨스토이 -

아침에 일어나자마자 병원으로 향했다. 발걸음을 떼긴 했지만 나도 내가 뭘 어떻게 해야 할지 몰랐다. 멀쩡히 잘 계시는 아버지께 갑자기 찾아가서 혼자 화내며 분노를 쏟아낼 수도 없는 일이었다. 차라리 아버지가 내게 보기 싫은 면을 보여줬으면, 명분을 던져주면 좋겠다고도 생각했다.

병원 복도에서 엄마를 만났다. 아버지는 아침 6시부터 9시인 지금까지 3시간째 신발을 찾고 있단다. 신발을 찾아드리고 휠체어를 태워드리면 또 누굴 만나야 한다며 나간다고 할 테고, 그렇게 무리하다가 또 넘어져 큰 사고가 날 게 뻔했다. 엄마는 한 발짝 떨어져

발만 동동 구르며 걱정스러운 마음으로 지켜만 볼 뿐이었다. 본인 뜻대로 되는 일도 없고 신발 하나 찾는 일도 못 해 화가 머리끝까지 치민 상황. 그때 내가 도착했다.

"아버지, 저 왔어요."

아버지는 나를 보자마자 나가자며 신발을 신겨달라고 했다.

"어디 가시게요?"

"너도 니 엄마랑 똑같은 걸 물어보냐? 내가 어디를 가든, 어디든 가면 되제!"

아버지는 화가 많이 난 상태였다.

'그래, 차라리 잘됐다. 아버지랑 담판 짓자!'

"그러시죠. 어디든 가시죠!"

내 말투와 태도는 평소와 달랐다. 아버지에게 신발을 신겨드리고 휠체어에 태워드리는 모든 동작에 지금까지의 조심스러움과 배려는 전혀 없었다. 밤새도록 시달린 엄마, 갑자기 아침에 다시 나타난 아들, 아버지를 데리고 거침없이 나가는 나를 병실 사람 모두는 걱정스러운 눈으로 지켜보고 있었다.

병원에서 아버지와 단둘이 있을 곳은 복도 옆 샤워실뿐이었다. 샤워실로 가는 동안까지도 내가 어떤 스탠스를 취해야 할지, 어떤 말부터 꺼내야 할지 머리가 복잡했다. 샤워실에 들어가자마자 보란 듯이 문을 "쾅" 닫았다. 생각보다 문이 세게 닫혀 그 소리에 나도 놀라 심장이 마구 뛰었다. 그때 이미 내 스탠스는 정해져 버렸다.

"샤워 안 할 건데 왜 이리 데려왔냐?"

난 시작부터 마구 쏟아내기 시작했다.

"지금 제가 왜 여기로 모시고 온 건지 진짜 모르시겠어요? 아버지는 엄마가 함부로 해도 되는 사람 같습니까? 막 해도 되는 사람입니까? 간호사, 재활치료사 선생님들께는 친절하게 잘하시면서 엄마한테는 왜 함부로 하고 힘들게 하십니까? 아버지한테는 엄마가 막 해도 되는 사람인지 몰라도 저한테는 세상에서 제일 소중한 사람입니다. 아버지가 뭔데 엄마한테 화내고, 욕하고 고집부리고 폭언을 하십니까? 엄마가 불쌍하지도, 미안하지도 않습니까?"

아버지는 발끈하셨다.

"내가 무슨 욕을 했다고 그러냐? 엄마가 그러든? 내가 뭘 어쨌다고 그러냐? 어디 한번 말해봐라."

"그걸 제가 다 말씀을 드려야 합니까? 병실 사람들도 저한테 다 얘기합니다. 입에 담기도 싫습니다. 아버지가 평생 엄마 힘들게 한 건 기억에서 지워버렸습니까? 엄마가 매일 울고 힘들어하는 모습, 아버지께 함부로 취급당하는 모습 더는 못 지켜보겠습니다."

20년이 넘도록 차마 말하지 못했던, 마음속 깊숙이 묻어만 놓았던 분노가 한꺼번에 쏟아져 버렸다. 처음 보는 아들의 모습에 아버지는 많이 놀라고 당황한 것 같았다.

"이 자식 애비한테 말하는 것 좀 봐. 니가 이제 나를 안 보려고 작정했구나. 너 이놈 호적에서 파버려야겠다!"

드라마에서나 나오는 줄 알았던 말을, 심지어 그 호적의 실체를 본 적도 없는 내가 현실에서 듣게 될 줄이야.

"예. 좋습니다. 파든 말든 맘대로 하세요."

"너 말이 좀 심한 것 같다."

"제가 지금 심한 것 같습니까? 진짜 심한 게 뭔지 보여드려요? 지금 엄청 참으면서 얘기하고 있는 겁니다. 아버지한테 인생 바친 엄마가 불쌍하지도 않으세요? 염치도, 양심도 없습니까?"

"너희 엄마가 스트레스가 심했는지 예전이랑 다르다. 정상이 아닐 때가 있어. 니가 모르는 것들이 있어."

아버지는 엄마의 잘못들을 하나하나 말했지만 모두가 아버지의 환상 속 소설이었다.

"아버지의 말도 안 되는 환상, 이 자리에서 다 깨드려요? 누굴 만나신다고요? 제가 전화 걸어서 다 확인시켜 드릴까요?"

"너도 니 엄마랑 똑같다. 나를 정신병자 취급해서 공개적으로 망신시킬 일 있냐?"

"아버지가 무슨 소설을 쓰시든 그건 아버지 자유니까 맘대로 하세요. 저는 아버지의 인지를 가지고 뭐라고 하는 게 아닙니다. 태도와 인격을 얘기하는 겁니다. 왜 엄마를 막 대하십니까. 아버지가 제일 사랑하고 소중히 대해줘야 할 분이 엄마입니다."

"너도 엄마도 나 때문에 고생하는 거 안다. 그러니 고생 그만하고 다 가라! 다 필요 없으니 엄마 데리고 당장 가!"

"그게 말이 된다고 생각하세요? 저도 그러고 싶습니다. 근데, 제가 왜 못 가는지 아세요?"

이 말만은 안 해야 했다. 아무리 화가 났어도 해서는 안 될 말이 있는데 아버지를 그냥 놔두고 가고 싶다는 말을 뱉어버렸다.

아버지는 무심하게 답하셨다.

"니 엄마가 불쌍해서 그러겠제."

"그걸 아는 분이 행동을 이렇게 하십니까? 엄마가 식사도 못 하시고 잠도 못 주무시고 매일 밤 울면서 보내시는 건 알고 계세요? 아버지가 아무리 속 썩이고 힘들게 해도 오직 아버지 회복만 걱정하는 게 엄마예요. 엄마는 아버지한테 인생을 걸었다고요!"

그 후로도 한참 동안 아버지와의 언쟁은 계속됐다. 하지만 그러는 중에도 내가 뭐 하는 건가 싶은 생각이 들었다. 뇌를 다친 분께 내가 하는 짓이 소용이 있을까? 쓸데없는 감정 소모 아닐까? 이렇게 감정적으로 나가서는 될 일도 안 될 것 같았다. 나는 태도를 바꿔 아버지께 간곡히 부탁했다.

"아버지, 한 가지만 약속해 주세요. 엄마한테 병원 밖으로 나가자는 고집만 부리지 말아 주세요. 제발 부탁입니다. 엄마도 아버지의 요구를 다 들어드릴 수 있지만 그건 엄마가 들어드릴 수 없는 요구입니다. 들어줄 수 없는 요구를 하시고 안 들어준다고 화내시는 행동, 그것만은 안 하겠다고 약속해 주세요. 걱정돼서 집에 올라가지도 못하고 아침부터 병원으로 달려왔습니다. 회사에 가도 일이 손에 잡히겠습니까? 저는 아버지의 인격을 믿습니다. 뇌가 다쳤어도 아버지의 인격은 변하지 않으셨을 거라 믿습니다. 제발 부탁드립니다."

난 아버지의 손을 꼭 잡고 간곡히 부탁드렸다. 아버지도 화가 조금은 누그러지며 안정을 찾고 있었다.

"알았다. 내가 왜 엄마를 힘들게 하겠냐. 누구보다도 엄마를 생각하고 사랑하는 사람이 나다."

다행이었다. 일단 사태가 이렇게 봉합되어서. 부자지간이 끝장나지 않아서. 아버지가 약속해 주셔서.

"엄마께도 아버지가 말씀하셨던 부분 알아듣게 잘 말씀드릴게요. 아버지 자존감 지켜달라고. 아버지도 엄마 자존감 지켜주세요. 저, 아버지 믿고 가겠습니다."

아버지에게 다시 한번 다짐을 받고 그렇게 병원을 나섰다. 만감이 교차했다. 만약 시간을 되돌린다 해도 난 아마 똑같이 행동했을 것이다. 어쩌면 더한 행동을 했을지도 모른다. 거기까지 가지 않았음이 천만다행일 뿐이다. 내 선택에 후회는 없었다.

아버지가 엄마를 힘들게 하고, 지켜보는 내가 참을 수 없는 지경에 이를 때마다 난 아버지와 맞섰다. 그럴 때마다 늘 기대했던 결과는 나오지 않았고 오히려 아버지를 자극할 뿐이었다. 이번 역시 별반 다르지 않겠지만 그럼에도 불구하고 난 앞으로도 계속 맞설 것이다. 엄마의 호위무사가 되어 싸울 것이다. 아버지를 바꿀 수 없더라도 엄마 곁엔 내가 있음을 보여줄 것이다.

다 내뱉고 나니 후련하기도 했지만 마음 한구석이 아려왔다. 인생의 밑바닥에 떨어지신 아버지께 내가 무슨 짓을 한 걸까? 믿는 도끼에 발등 제대로 찍힌 아버지의 마음은 어떨까? 아버지는 어디까지 받아들였고 어떤 기억의 조합이 남게 될까?

쉬울 거라 생각하진 않았다. 앞으로도 더 많은 일들이 있을 것이다. 이 또한 지나가리라. 너무 상투적이라 별 감흥 없는 이 문장밖에는 의지할 무엇도, 희망도 없었다. 시간의 힘을 믿는다. 그 안에서 우리는 잘 해낼 거라 믿는다.

아이를 키우는 일, 부모를 모시는 일
- 마치 아무 일도 없었던 것처럼

> 비이성적인 사람에게 반박할 때 이성적으로 구는 건 멍청하다. 그 어떤 말로도 설득할 수 없기 때문이다. 무엇보다 이성적인 사고 능력을 일부 상실한 사람에게 이성적인 사고를 강요하려는 시도는 비이성적이다. 어머니의 반복된 질문들은 사람을 미치게 만들었다.
>
> — 린 틸먼, 『어머니를 돌보다』 中 —

극약처방이 효과가 있었던 것일까? 다행히 그날 이후 아버지는 전처럼 엄마를 힘들게 하진 않았다. 얼마 전 병원을 옮겼는데 낯선 환경에 적응하는 중이라 몸을 사리고 있는 걸지도 몰랐다. 어찌 됐든 다행이다. 하지만 아버지가 그날 일을 어떻게 생각하실지 아버지와 관계를 어떻게 다시 회복할지 이런저런 생각에 마음이 불편했다.

"엄마, 아버지가 그날 일 말씀 안 하세요?"

"별말씀 없으시다. 전에 한번 말씀하신 거 빼고는."

"뭐라고 하시던가요?"

"싸가지 없는 자식이 잘 알지도 못하면서 함부로 말했다고."

그래, 그 정도면 됐다. 난 여느 때와 다름없이 아버지께 안부 전화를 드렸다. 마치 아무 일도 없었던 것처럼. 강도에 차이는 있었지만 전에도 아버지와 한두 번 크고 작은 마찰이 있었다. 그때마다 아버지와 풀었던 방식은 그때그때 달랐지만 큰 틀에선 같았다. 아버지와 나는 같은 공간에 있으면서도 직접 대화하지 않고 애꿎은 아내를 통해 소통한 적도 있었고, 술김에 아버지께 전화를 드려 그땐 죄송했다고 먼저 말씀드린 적도 있었다. 아버지는 별말씀 없이 "취했으면 대리 불러서 들어가라."라는 한마디뿐이었지만 그게 아버지와 나의 갈등 해결 방식이었다. 직접적인 언급은 피하고 적당히 넘어가는…

이번에도 어떻게든 시간이 해결해 주리라, 아무 일 없었다는 듯 지나가리라. 하지만 이번엔 여느 때와는 달랐던 것이 아버지와 단둘이 2박 3일을 보내야 했다는 거다. 우려와는 달리, 어쩌면 예상과도 같이 우린 서로 아무 일 없었다는 듯 행동했다. 모르는 척하는 건지, 진짜 기억에서 지워진 건지, 꿈이라 생각하는 건지 종잡을 수 없었지만 아버지는 평소와 같았다. 아버지의 뇌 구조는 도무지 짐작조차 할 수 없었다.

머리를 깎아드리고, 씻겨드리고, 차를 마시며 대화를 나누는 모든 일상이 평소와 같았다. 문제는 밤이었다. 새벽 3시쯤 눈을 뜬 아버지는 나가야 한다며 양말을 신겨달라고 했다.
'아… 또 시작이구나…'
새벽이라고, 다시 주무시라고 해도 아버지의 고집을 꺾을 순 없었다. 밤중에 계속 설득하는 것은 옆에서 자고 있는 주변 사람들에게 피해를 주는 것 같아 결국 포기했다. 나가시려면 휠체어를 갖다드리겠다고 했지만 아버지는 걸을 수 있다며 고집을 부렸다.
"아버지 마음은 이미 걷고 계시겠지만 지금 이러시면 위험해요. 휠체어 가져다드릴게요."
아버지는 인상을 쓰며 화를 냈다.
"내가 휠체어 필요 없다고 몇 번을 얘기했냐!"
첫날부터 잠을 못 자 예민해진 나도 맞받아쳤다.
"제가 지금 새벽이라고, 다시 주무시라고 몇 번을 얘기했습니까!"
이 상태로 다시 누운다 한들, 잠들지 못할 것 같았다. 어차피 아버지의 고집을 꺾지도 못할 텐데 왜 불필요하게 감정 소모를 하고 있나 싶었다. 신발을 신기고, 원하는 대로 다 하시도록 내버려뒀다. 부축하면 또 심기를 건드릴 것 같아 넘어지면 그때 얼른 잡으려고 긴장 속에서 지켜봤다.
아버지는 침상 난간을 잡고 일어났지만 부들부들 떨며 한 발짝도 발을 못 뗐다. 난간을 잡은 손은 도무지 떨어지질 않았다. 그렇게 몇 번을 반복하다 실망한 듯 자리에 앉아 생각에 잠긴 아버지를 보니 다시 안쓰러운 마음이 들었다. 시간은 어느덧 5시를 향해 갔고 아버지는 결국 포기하고 다시 누웠다. 아버지는 무슨 생각을 하고 계실까. 난 아버지 옆 간병인 침상에 누웠다. 말이 침상이지 누우면 어깨가 다 삐져나오는 좁은 판자때기였다. 이제 상황 종료인 건가? 오늘 하루는 무사히 잘 보낼 수 있을까? 오늘 밤은 제대로 잘 수 있을까? 이제 막 새벽, 하루가 시작되는 순간인데 벌써 오늘 밤을 걱정하고 있다니. 아버지가 쓰러졌을 때 노트에 썼던 첫 문장이 떠올랐다.

    이제부터는 또 다른 육아 일기를 쓰려고 한다.
    아이가 되어버린 아버지 이야기를.

아이들은 부모가 아무리 말을 해줘도, 직접 만져보고 맛보고 넘어지며 자기 자신과 세상을 하나씩 알아간다. 아버지 역시 옆에서 어떤 말을 해도 직접 체험하기 전까지는 소용이 없다. 아버지가 본 환영이나 공상이 현실이 아니라고 아무리 말씀드려도 아버지가 직접 확인하기 전까지는 헛수고다. 나가야 한다, 걸을 수 있다는 환상도 말로는 설득이 되지 않는다. 직접 체험하고 부딪쳐 보고 난 후에야 그제야 수긍할까 말까다. 또 하나의 공통점은 그걸 확인해도 또 똑같은 행동을 한다는 것. 이것만은 아이와 같지 않아도 되는데.

아이를 키우는 일, 부모를 모시는 일. 이해할 수 없는 타인을 이해하는 일, 어쩔 수 없이 내가 이해해야만 하는 일들에 대해 생각해 본다. 아이를 키울 때는 육아서를 찾아보고 아이의 발달 단계를 공부하며 어떻게든 이해하고 잘 키워보려 노력했지만 정작 뇌를 다친 아버지의 입장과 상황을 공부하고 이해하려는 노력은 많이 부족했다.

늦었지만 지금이라도 이런 생각이 들어 다행이다. 내가 노력하면 아버지의 행동들을 조금 더 이해할 수 있을까? 미움과 분노를 억지로 누르는 것이 아니라 아예 녹여 없애버릴 수 있을까? 해보자! 후회라도 남지 않도록.

감옥 같은 병원에서 찾은 돌파구
- 파리는 탈출을 꿈꾸지만…

사람은 패배하기 위해 창조된 게 아니다.
인간은 파괴될 순 있지만 패배하지는 않는다.

- 헤밍웨이, 『노인과 바다』 中 -

"나가자. 신발 좀 신겨라."

아버지의 단골 멘트다. 병실 밖도 병원이라 답답하긴 마찬가지지만 그나마 밖이 낫다. 그렇게 하염없이 병원 복도를 맴돌다 구석에 자리를 잡고 커피 한 잔을 마신다. 그렇게 마시는 커피가 하루 다섯 잔은 기본. 나가봐야 별것 없으니 다시 병실로 들어오지만 조금 후 다시 답답하다고 나가자고 하신다. 특히 재활치료가 없는 주말엔 이게 일과다.

편측 무시가 있는 아버지는 같은 곳을 몇 번을 돌아도 늘 처음 본

길인 듯 이리 가자, 저리 가자를 반복한다. 탈출할 구멍을 찾는 거다. 한밤중에도 일어나 나가자, 담배 사러 나가야 한다, 문이 다 닫힌 것을 눈으로 확인시켜 드려도 같은 곳을 대여섯 번 확인하고도 포기란 없다. 어딘가로 나갈 수 있단다.

그렇게 밤낮없이 계속 뺑뺑이를 돌며 '아버지는 왜 내 말을 듣지 않으실까' '왜 포기하지 않고 계속 애를 먹이실까' 아버지를 원망하는 마음이 올라왔다가도 한편으론 그런 아버지가 안쓰러웠다. 아버지의 모습을 보고 있으니 어쩌다 집 안으로 들어온 파리가 떠올랐다. 창밖에 보이는 바깥으로 나가려고 유리창을 계속 들이받는 파리.

아버지는 얼마나 답답하실까. 코로나 때문에 병원 밖으로 한 발짝도 나갈 수 없고 외부인과도 철저히 차단된 현실. 이런 병원 생활도 벌써 반년이 지났다. 아버지에게 병원은 감옥이었다. 아버지는 나도 이제 늙은 것 같다며, 손자들이 보고 싶다며 눈물을 글썽였다. 아버지는 무료해질 때면 담배를 찾았고 병실은 답답하다며 나가자고 했다. 아버지를 위해서뿐만 아니라 나를 위해서라도 아버지의 관심을 돌려야 했다. 계속되는 감정 소모보다는 이왕이면 기분 좋고 생산적인 대화를 유도해야 했다. 난 의도적으로 아버지께 이런저런 화두를 던졌고 아버지는 나와 대화 나누는 것을 좋아했다. 아이들이 했던 말이나 에피소드, 회사에서 있었던 일, 내가 읽은 책, 정치, 시사, 시, 그림, 꽃, 문학… 우리의 대화 주제는 끝이 없었다.

재활운동실 평상에 아버지를 눕혀 주물러 드리고 있는데 갑자기 아버지가 껄껄 웃었다. 주변 사람들은 아버지의 일그러진 얼굴을 보며 웃는 건지 아파서 찡그린 건지 한참을 쳐다봤다. 내가 괴롭히는 줄 아는 거 아니야?

"아버지, 왜 그러세요?"

"아까 했던 이야기가 생각나서."

이 갇힌 공간에서 그렇게라도 아버지를 웃을 수 있게 해드렸다는 것. 일상을 곱씹으며 웃을 수 있는 분이라는 것. 모든 게 다행이고 감사한 일이다.

"깊은 산속 옹달샘 동요 알지? 새벽에 토끼가 눈 비비고 일어나 세수하러 왔다가 왜 그냥 물만 먹고 갔을까?"

이번엔 뜬금없이 동요를 화두로 던지셨다.

"잠이 덜 깨서 그랬을까요?"

"세수하러 왔는데 물이 너무 맑은 거야. 그 맑은 물에 자기가 세수하면 물이 더러워져서 뒤에 온 누군가가 기분이 좋지 않겠지. 그래서 토끼는 세수하러 왔다가 다음 사람을 생각해서 물만 살짝 한 모금 마시고 돌아간 거지. 그 마음이 얼마나 예쁘냐."

아버지는 잠시 감상에 빠졌다.

"'엄마, 엄마 이리 와 / 요것 보셔요 / 병아리 떼 뽕뽕뽕 / 놀고 간 뒤에 / 미나리 파란 싹이 돋아났어요' 이 노래 알지? 이건 무슨 뜻일까?"

아무 생각 없이 불렀던 노래인데. 그냥 봄노래 아닌가? 이게 무슨 뜻이 있었나?

"이건 개나리를 보고 만든 노래 같다. 봄이 되면 개나리가 노랗게 피고 얼마 안 있다 푸른색으로 금방 바뀌잖아. 그걸 보고 노란 병아리 떼가 잠깐 놀고 간 뒤에 미나리 파란 싹이 돋아났다고 표현한 거지. 그렇게 세월이 빠르게 흐른다는 거야. 세월 참 빠르다."

아버지와 정치를 주제로 이야기를 나눌 때면 불편한 점이 많았는데 이렇게 동요를 주제로 이야기하니 마음이 정화되는 느낌이 들었다.

"동요 가사를 곱씹어 보면 좋은 게 참 많아. '퐁당퐁당 돌을 던지자 / 누나 몰래 돌을 던지자 / 냇물아 퍼져라 멀리멀리 퍼져라 / 건너편에 앉아서 나물을 씻는 / 우리 누나 손등을 간질여 주어라' 이 노래 가사를 한번 떠올려 봐라. 동생이 학교 갔다가 돌아왔는데 누나가 냇물에서 나물을 씻고 있었어. 반가운 마음에 '누나!' 하고 부르거나 누나 옆에 돌을 던지면 누나가 놀라겠지. 그래서 동생은 누나가 놀라지 않게, 작은 돌을 하나 주워서 앞에 살짝 '퐁당' 하고 던진 거지. 그 물결이 누나 손등에 살짝 닿아서 누나가 기분 좋게 알아볼 수 있도록. 동생의 마음이 얼마나 아름답냐."

아버지는 평소 생각이 많다. 병실에서도 혼자 골똘히 생각에 잠기실 때가 많다. 아버지의 뇌경색 소식을 처음 들었을 때 아버지가 다른 기억을 잃더라도, 인지가 조금 떨어지더라도 감동받는 능력만큼은 잃지 않길 기도했는데 다행스럽게도 아버지의 그 능력은 여전했다. 오히려 답답한 병실에서 자유롭게 할 수 있는 건 생각뿐이라서 이런저런 기억과 생각을 떠올리고 공유하는 것. 그것이 아버지의 가장 큰 낙인 것 같았다.

그날 이후 아버지께 한 번씩 전화가 온다.
"니가 읽어줬던 윤이 시 있지? 그거 좀 보내라."

세상에

세상에 이런 아빠가 있을까
이렇게 방귀를 잘 뀌는 아빠가
세상에 이런 엄마가 있을까
이렇게 주식 때문에 잘 후회하는 엄마가
세상에 이런 동생이 있을까
이렇게 형 속 잘 긁는 동생이
세상에 이런 가족이 있을까
세상에

 아버지는 엄마와 있는 동안에도 나와의 대화를 떠올리고, 곱씹으며, 엄마와 얘기 중인 것 같았다. 이런 게 아버지께는 큰 기쁨이, 엄마에겐 긴장을 풀고 숨통이 트이는 시간이 되는구나.
 그 후로 책을 읽다 좋은 구절이 나오거나 아이들과 재밌는 일이 있을 때면 '나중에 아버지께 얘기해 드려야겠다'라는 생각에 메모를 한다. 그렇게 생각할 거리를 하나씩 드리는 것도 아버지의 뇌 건강에 도움이 될 것 같다. 아버지는 또 그걸 어떻게 해석하고 재가공을 하실지. 다음에 병원에 가서 이렇게 말씀드려보는 건 어떨까 싶다.
 "아버지, 저랑 나눈 대화들을 모아서 책 한 권 내볼까요?"
 아버지의 삶에 새로운 돌파구가, 희망이 될 수 있지 않을까?

[여기서 잠깐] 섬망이란?

섬망이란?

의식과 지남력(날짜, 장소, 사람에 대한 정확한 인식 능력)의 기복을 주된 특징으로 하는 정신병적 장애 증상. 약물 부작용이나 큰 수술을 겪은 환자에게 주로 나타난다.

증상

1. 헛것을 보는 환각 증상, 충동적이고 공격적 행동

: 아버지는 실제로는 없는 사람과 대화를 나눴고, 있지도 않은 담배를 잡으려 허우적거렸다. 사실을 믿지 않고 오히려 정신병자 취급한다며 화를 냈다.

2. 비논리적 사고, 의심, 피해망상

: 엄마가 바람을 피운다, 엄마는 아버지가 간호사와 바람을 피운다는 소문을 내고 다닌다, 사람들과 짜고 정신병자로 몰아간다는 등 피해망상 증세를 보였다. 처음엔 아버지의 본성과 인격 수준이 이 정도밖에 안 됐나 큰 실망을 했지만 이는 많은 이들이 보이는 대표적 섬망 증상이었다.

3. 지남력 저하, 과민함, 초조함

: 아버지는 날짜와 장소를 혼란스러워했고 계속 재촉하며 조급한 모습을 보였다.

치매와 차이점

가장 뚜렷한 차이점은 '지속성'이다. 섬망은 급격히 발생하며 원인이 교정되면 수일 내에 호전된다.

대처법

1. 약물치료

: 일시적 섬망인지, 치매인지, 우울증인지 의사에게 정확한 진단을 받아보는 것이 좋다. 투여 중인 약 중 환각을 일으키는 약 성분이 있을 수 있으므로 투약 중인 약을 바꾸거나 양을 줄이는 것으로도 호전될 수 있다.

2. 지지요법

: 섬망은 뇌 기능의 일시적 장애라는 것을 이해하고 환자를 비난하거나 꾸짖지 않고 환자의 자존심을 지켜줘야 한다. 환자의 말을 경청하고 인내심을 갖고 천천히 반복 설명하며 긍정적인 말을 해준다. 날짜, 장소, 사람 등 현실을 계속 알려주며 불안과 혼란을 줄이는 것이 좋다.

3. 환경조성

: 충분한 수분과 영양 공급, 안정을 취할 수 있는 편안한 환경을 조성

한다. 자극적인 소리와 빛을 피하고 환자가 안정을 취할 수 있도록 돕는다. 환각이 발생하면 직접 만져보게 하고, 되도록 그림자가 생기는 물건은 환자의 시야에서 없앤다.

아버지의 경우 섬망은 시간이 지나고 사라졌지만 망상(혹은 잘못된 기억에 대한 확신)과 집착으로 꽤 오랜 기간 우리 가족은 힘든 시간을 보냈다. 정신과에서 처방받은 약도, 가족의 지지도, 편안한 환경도 아버지에겐 소용이 없었다. 오직 시간만이 답이었다. 조급하고 답답한 마음을 내려놓고 그때그때 상처받지 않고 상처 주지 않는 최선의 노력을 다하는 사이 아버지의 망상과 집착은 점점 옅어져 갔다. 가족 간의 공감과 위로, 시간의 힘을 믿고 묵묵히 걸어가다 보면 긴 터널의 끝은 분명히 보일 것이다.

III
우리에겐 정답이 아닌 위로가 필요했다

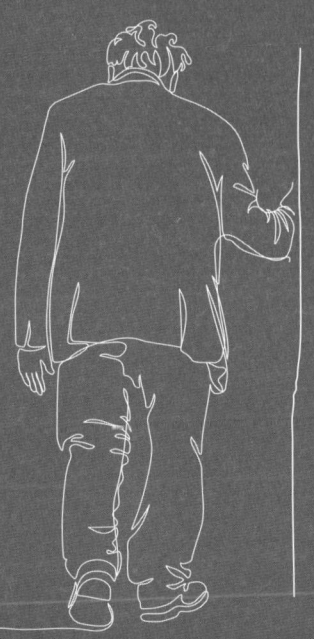

위로? 걱정을 가장한 폭력?

– 현실의 벽은 높고 단단했다

> 사람은 옳은 말로 인해 도움을 받지 않는다. 자기모순을 안고 씨름하며 그것을 깨닫는 과정에서 이해와 공감을 받는 경험을 한 사람이 갖게 되는 여유와 너그러움, 공감력 그 자체가 스스로를 돕고 결국 자기를 구한다.
>
> – 정혜신, 『당신이 옳다』 中 –

 핸드폰 진동이 울린다. 엄마다. 전화를 받기 전 불길한 예감부터 든다. 또 무슨 일이 생긴 걸까? 더 이상 생길 무슨 일이 남아 있긴 한 걸까?
 역시나 아버지가 엄마를 힘들게 했다. 시간이 가면 상태가 나아져야 할 텐데 괴롭힘의 강도는 점점 세지고 있었다. 밤이건 낮이건 나가자고 하는 건 기본이고 택시 타고 나가겠다, 돈 뽑아라, 아무리 설득해도 오히려 아버지의 화를 돋울 뿐이었다. 간밤에도 몇 번씩 나가겠다고 닫힌 문을 밀어대는 아버지 때문에 경비 아저씨도 짜증이 난 상태였다. 병실 사람들에게도 민폐고 창피였다.

밥도 못 먹고 잠도 못 자는 엄마를 걱정하거나 이해하기는커녕 막말을 쏟아냈다. 한숨 쉬지 마라, 이혼해 주겠다, 가라, 사람들과 짜고 나를 정신병자 만들지 마라, 당신 때문에 되는 게 없다, 퇴원하겠다…

이제 아버지는 엄마가 옆에 오는 것도 짜증을 냈다. 그래도 엄마는 아버지가 호전되기만을 바라며 그 모든 걸 온몸으로 견뎌내고 있었다. 병원 밥은 맛없으니 먹지 않겠다며 편식 투쟁을 하고 있는 아버지를 위해 엄마는 계란 프라이라도 만들어 드리려고 조리실에 갔다. 편식 투쟁인 아버지 덕분에 정작 단식 중인 건 엄마였다. 아버지는 그새를 못 참고 휠체어에서 혼자 일어나다 넘어졌다. 바닥에 고꾸라져 일어나지 못하는 아버지를 보고 놀란 병실 사람들과 우당탕 소리를 듣고 허겁지겁 뛰어온 간호사. 계란 프라이를 들고 오니 이미 벌어진 이 난장판을 본 엄마는 또 얼마나 놀라셨을지.

아버지는 넘어지며 의자에 머리를 부딪쳤고 골반뼈가 괜찮은지 엑스레이를 찍어야 했다. 그 와중에도 아버지는 엄마를 비난했다.

"이게 다 자네 때문이네. 내가 퇴원하자고 할 때 퇴원했으면 이런 일도 없었을 거 아니야!"

잠깐 사이에도 사고가 나는데 두고 가라, 나가겠다는 대책 없는 말만, 되지도 않는 자기주장만 하시는 아버지. 모든 게 엄마 때문이라는 아버지. 본인이 다치면 감당해야 하는 건 엄마라는 걸, 가족이라는 걸 모르고 무책임하고 이기적으로 큰소리만 치는 아버지를 어떻게 해야 하나? 어떻게 저떻게 평생 엄마를 힘들게 할 수 있을까?

바보 같은 엄마는 평생을 그런 아버지만 보고 살았다. 지금까지도. 아버지의 일거수일투족에 울고 웃고, 재활치료 받는 모습을 보고 익혔다가 치료 프로그램이 없는 주말이면 누워만 있겠다는 아버지를 어르고 달래 운동실로 데리고 가서 보고 배운 동작을 따라 했다. 엄마의 모든 삶은 아버지에게 맞춰져 있었다.

그런 엄마를 함부로 하는 아버지를, 힘들어하는 엄마를 그냥 지켜볼 수밖에 없는 현실이 무기력하고 참담했다. 그래도 점점 호전될 거라 믿고 이 상황에서도 찾을 수 있는 웃음과 깨달음, 행복이 있을 거라 믿으며 최대한 상황을 긍정적으로 보려 애썼는데 역시나 현실의 벽은 높고 단단했다. 이 상황에 내가 할 수 있는 것은 무엇일까? 어떻게 엄마를 위로하고 힘을 드릴 수 있을까? 어떻게 아버지를 변화시킬 수 있을까? 이 긴 터널의 끝이 있기는 한 것일까?

힘드시겠다, 힘들면 언제든 전화 주시라, 이번에 가서 알아듣게 말씀드려 보겠다, 일주일만이라도 간병인을 쓰는 건 어떠냐, 그래야 가족 소중한 걸 아실 거 아니냐…

엄마는 간병인을 쓰는 건 절대 안 된다고 했다. 아버지도 간병인도 절대 버티지 못할 거라고. 돈도 돈이지만 아버지를 이렇게 두고 발길이 떨어지지 않은 거다. 내가 엄마를 위로하고 걱정한답시고 엄마가 받아들이지 못할 카드, 개인 간병인을 쓰자는 말을 너무 쉽게 던진 것은 아닐까? 엄마에겐 걱정을 가장한 폭력은 아니었을까? 그렇다고 딱히 드릴 말씀도, 답도 없는 이 상황에서 같이 한숨만 쉬고 어설픈 위로만 늘어놓는 게 정답일까? 위로, 참 어려운 것 같다.

위로에 대한 책을 보면 경청과 공감, 딱히 무슨 말을 하지 않아도 그냥 곁에 있어 주는 것이 위로라고 하는데 참고 견디는 것 외에 다른 방법이 없는 지금 오직 엄마의 하소연을 들어드리는 것만으로 위로가 될 수 있을까? 아버지가 아들 큰사람 되라고 이렇게 생각할 거리를 던져주시나?

아버지와의 대화를 책으로 내볼까도 생각했고, 아버지께 희망을 드리고 관심을 돌릴 수 있을 거라 희망을 품었던 내가 너무 앞서갔던 것 같다.

매슬로의 욕구 5단계설에 의하면 최하위 욕구가 충족되어야 그 위 단계의 욕구를 충족할 수 있다고 한다. 먹고사는 문제인 생리의 욕구와 다음 단계인 안전의 욕구까지는 병원 내에서 충족이 가능하다.

그다음 단계는 애정과 소속감의 욕구. 이전 병원에서는 재활치료사분들과 관계가 좋아 이 욕구가 충족되었고 다음 단계인 존경받고 싶은 욕구까지 충족됐던 것 같다. 아버지는 전에 있던 병원에서 사람들이 아버지를 신격화하고 존경한다는 말을 자주 했다. 하지만 아버지는 병원을 옮긴 후 애정과 소속감이 전에 비해 떨어졌다. 그런 아버지께 가장 위 단계의 욕구인 자아실현의 욕구, 책 내기에 대한 희망을 심으려 했으니…

아버지가 이 병원에서 병실 사람들, 치료사분들, 간호사분들과 더 친분을 쌓고 잘 적응할 수 있도록 신경을 써야겠다. 그리고 존경. 혼자서는 아무것도 못 하는 아버지의 자존감은 바닥으로 떨어졌다.

어쩌면 그런 자격지심이 오해와 망상, 고집의 가장 큰 원인이 아닐까도 싶다.

엄마를 힘들게 하는 아버지가 원망스럽기도 하지만 어떻게든 이 상황을 이해하고 인정하고 더 좋은 방법을 찾아야 한다. 그것이 최선이다.

이제 며칠 후면 아버지를 만난다. 3일 동안 아버지를 변화시킬 수 있을까? 결과는 내 것이 아니지만 과정은 내 것이니 최선을 다해볼 생각이다. 어떤 말씀을 드려야 할지, 다시 마음속 편지 쓰기가 시작됐다.

잘 살아왔구나… 잘 살고 있구나…
- 위로의 힘

> 위로는 상대에게 내 시간을 선물하는 것입니다. 상대에게 아무 말 하지 못하더라도, 함께 충분히 옆에 머물며, 당신이 내게 중요하다는 것을 시간을 통해 증명하는 것이 위로입니다. 어떤 보상이 없더라도, 당장 기분이 풀리지 않는다 해도 당신을 위해서라면 내 시간을 기꺼이 쓰겠다는 마음이 상대를 위로해 줍니다. 모든 것이 계산으로 이루어지는 시대이기에 이처럼 계산 없이 주는 마음에 위로를 받습니다. 그리고 그런 위로이기에 시간을 이기고 오래 남을 수 있는 겁니다.
>
> — 서천석,『서천석의 마음 읽는 시간』中 —

얼마 전, 머리가 복잡한 일이 생겼다. 생겼다기보다는 알게 됐다는 게, 알면서 그냥 넘어갈 수 없는 일이 생겼다는 게 더 정확한 표현일 것 같다. 현 상황에서 더 안 좋아질 일이 있을까 싶었는데… 있었다. 이번엔 돈 문제였다. 규모도 얼마가 될지 모르는. 우리가 모르는 사이 아버지 핸드폰으로 계속 빚 독촉 문자가 왔고 이번엔 집으로 경고 우편이 도착했다. 아버지가 입원 전 아무도 모르게 저질러 놓은 빚이 이자에 이자를 물고 계속 커지고 있었다.

대책 없이 사고를 치는 아버지가 원망스럽고 이 모든 걸 어떻게든 수습하고 견뎌야 하는 이 상황에 한숨만 나왔다. 지금껏 복잡한 문제에 부딪힐 때마다 웃으며 잘 버텨왔는데 또 수습해야 할 일이 터지니 짜증도 났고 무엇보다 막막했다.

회사에서 동기에게 연락이 왔다. 시간 되면 잠깐 차나 한잔하잔다. 전에 술 한잔 기울이며 개인사를 나눴던 친구다. 이 친구 역시 아버지가 속을 많이 썩였는데 그런 아버지가 일찍 돌아가셨다. 이제 아버지가 사고 칠 일이 없어 좋지만 한편으론 아버지와의 추억이 없어 아쉽다고 했다. 나와 비교할 바가 안 되는 견디기 쉽지 않았을 과거 일들을 담담하게 얘기했.

'이 또한 지나가리라'라는 상투적인 말보다 단란한 가정을 꾸리고 누구보다 가정적인 남편으로, 아빠로 잘 살고 있는 친구의 모습을 보는 것이 이상하게 위로가 되었다. 그런 친구가 아버지의 근황을 물었다. 답도 없는 답답한 상황을 남일 얘기 하듯 "뭐 다들 이렇게 사는 거지." 하고 가볍게 툭 던지고 나니 마음이 한결 가벼워졌다.

퇴근 후 숙소에서 쉬고 있는데 그 친구에게 카톡이 왔다.

"퇴근했나? 저녁은?"

다이어트도 할 겸 저녁을 굶으려고 했는데 어찌 알고 출출할 시간에 딱 연락했지?

"크림 스파게티 먹을래? 맛은 없는데 내가 만들었다. 갖다줄게."

친구는 자전거 뒤에 냄비를 싣고 내 숙소 앞까지 손수 배달을 와줬다.

"얼마 전에 제주도 출장 가서 사 온 흑돼지 넣어서 만들었대이. 니 몇 시에 자노? 자전거로 한 바퀴 돌고 올 건데 10시쯤 그릇 받으러 올게."

스파게티를 빌미로 술 한잔하자는 것도 아니었고, 진짜 스파게티만 건네주고 갔다. 남자한테 '심쿵' 하네. 스파게티는 감동 점수 다 빼고 맛으로만 승부해도 내가 먹어본 최고의 맛이었다. 이런 게 진짜 힐링 푸드인가? 음식을 만들며 나를 생각한 그 마음도, 정겹고 순박한 사투리도, 이런저런 말 없이 냄비만 주고 가는 쿨함도. 곱씹을수록 마음이 따뜻해지며 큰 위로가 되었다.

어찌 됐든 아버지 일은 잘(?) 마무리(?)했다. 이번 일을 겪으며 스트레스도 있었지만 그보다 주변을 돌아보며 더 큰 감사함과 행복을 느끼는 계기가 되었다. 하늘은 늘 내가 감당할 수 있을 만큼의 고통을 주신다는 것. 난 혼자가 아니라는 것. 주변에 날 믿고 응원해 주는 고마운 사람들이 너무도 많은 난 정말 행복한 사람이라는 것을 다시 한번 느끼는 요즘이다.

누구보다 잘 해내고 있다고, 어떤 상황이든 잘 헤쳐나갈 걸 믿는다고, 내가 인생의 롤모델이라는 친구. 인디언 말 '친구'의 뜻처럼 슬픔을 함께 짊어지고 같이 가자는 친구. 돈 벌어서 날 먹여 살리겠다며 시골에서 먼저 터 잡고 부를 테니 걱정 말고 편하게 살라는 친구. 과거 문서에 박힌 내 이름을 보고 반가워서, 그냥 생각나서 연락했다고, 직원들이 다 나를 보고 싶어 한다며 언제 근처 오면 들러 달라는 ○○시 과장님. 무엇보다 언제나 힘이 되어주는 아내, 그리고 자라는 모습만으로도 감동을 주는 아이들. 얼굴 한번 본 적 없지만 내 글에 공감과 응원의 댓글을 남겨주시는 분들까지…

나, 잘 살아왔구나… 잘 살고 있구나… 앞으로도 잘 살 수 있겠구나… 난 참 행복한 사람이구나…

"안녕히 주무셨어요?"라는 흔한 인사
– 마흔 줄에 와서야 깨닫는 것들

> 누구나 말하기 전에 세 문을 거쳐야 한다. '그것이 참말인가?'
> '그것이 필요한 말인가?' '그것이 친절한 말인가?'
>
> – 베스 데이, 『세 황금문』 中 –

아버지가 뇌경색으로 쓰러진 후 나에게 새로운 습관 하나가 생겼다. 마음속으로 부모님의 안부를 묻는 것이다. 아침에 일어나면 '아버지는 간밤에 별일 없이 잘 주무셨을까?' '엄마는 몇 번이나 깨셨을까?' '피곤하진 않으실까?' 밥을 먹을 때면 '엄마가 식사는 제대로 하셨을까?' '병원 밥은 잘 나왔을까?' 회사 식당 밥이 잘 나와도, 혼자 맛있는 걸 먹을 때에도 나만 이렇게 잘 먹고 있어도 되는 건지 마음 한구석이 찜찜하다. 밤이 되어 잠자리에 들 때면 '아버지가 뒤척이지 않고 잘 주무셔야 엄마도 잘 주무실 텐데' '오늘은 진통 없이 잘

주무시길'

어릴 때부터 습관이 되어 아무 생각 없이 입으로만 내뱉었던 인사. "안녕히 주무셨어요?" "안녕히 주무세요." "식사하셨어요?" "별일 없으시죠?"

나이 마흔이 넘은 지금에서야 이 인사들의 의미가 마음에 와닿는다. 이제야 진심으로 걱정되고 궁금한 마음으로 부모님께 안부 인사를 드리고 있다. 일주일에 한 번, 아이들 얼굴 보여드리려고 고작 영상통화 한 번 하던 내가 요즘엔 하루에도 몇 번씩 전화드리고 자주 찾아뵈려 노력하고 있다.

평소엔 연락을 그리 자주 하지 않았던 형과도 부모님 소식을 공유하고 이런저런 의논을 하느라 자주 연락을 주고받는다. 역설적으로 아버지 덕분에 가족들 간에 연락도 더 자주 하고 서로 의지하며 힘이 되어주고 있다. 물론 육체적 정신적으로 힘든 일도 많다. 불필요한 오해와 원망, 서운함이 쌓이고 그걸 풀어야 하는 에너지 소모, 결국은 어쩔 수 없이 안고 가야 할 상처들.

요즘 많은 것을 배운다. 각자의 입장과 시각이 모두 다르고 같은 일이라도 받아들이는 정도가 다 다르다는 것. 내가 보고 느끼는 것이 다 정답이 아닐 수 있다는 것. 그러니 명쾌하고 올바른 판단보다 중요한 것은 상대를 공감해 주고 알아주는 것일 수 있겠다는 생각, 언행에 조심과 신중을 기해야겠다는 생각을 한다.

요즘 겪고 있는 일들을 통해 그동안 살면서 그리 깊이 생각하지 않았던 것들에 대해 하나하나 곱씹어 보게 된다. 삶에서 중요한 것은 무엇인지, 어떻게 살아야 할지.

오늘도 부모님께 안부를 묻는다.

"안녕히 주무셨어요?"

"별일 없으시죠?"

엄마가 좋으면 된 거다
- 감히 짐작할 수 없는 부모님의 세월

"떠오르는 생각을 다 믿지는 말라."
살면서 이보다 더 도움이 됐던 말은 별로 없습니다.
- 비욘 나티코 린데블라드, 『내가 틀릴 수도 있습니다』中 -

이틀 휴가를 내고 어린이날 연휴를 보냈다. 어린이가 되어버린 아버지와 함께.

병원으로 오기 전 마음이 심란했다. 엄마가 힘들어하는 모습을 보며 내가 또 나설 차례인가 싶었다. 지난번과 같이 일촉즉발의 상황까지 가서 아버지와 담판을 지을 것인가, 아니면 그냥 견디고 버틸 것인가. 아버지께 드릴 말씀을 노트에 적어보기도, 마음속으로 혼자 시뮬레이션을 해보기도 했다. 그러던 중 엄마에게 연락이 왔다. 이번에 오면 잘해드리라고. 아버지를 자극하는 말을 하지 않는 게,

아버지를 존중해 드리는 게 좋겠다고. 엄마는 아버지를 안타까워하셨다. 평생 속을 썩여왔고, 지금까지도 본인을 힘들게 하는 아버지를 엄마는 다 이해하려 했고 연민을 느꼈다. 엄마 뜻이 그렇다면 따라야지. 복잡한 마음은 접어두고 병원으로 향했다.

그새 병실 환자가 2명이나 바뀌었고 병실 분위기도 전과는 많이 달랐다. 새 환자 중 한 분은 파킨슨병을 앓고 있는 목사님이었다. 매일 아침 7시, 병실에서 예배를 주관하셨다. 성경 구절을 같이 읽고, 기도하고, 예배가 끝나면 한 사람, 한 사람 머리에 손을 얹고 기도를 해주셨다. 조용하고 서로 교류도 없던 병실이 목사님이 오며 끈끈한 분위기로 바뀌었다.

하지만 처음엔 트러블도 있었다. 목사님의 기도가 문제였다. 아버지를 위한 기도 내용이 아버지 심기를 건드렸다.

"아버지 하나님, 여기 설 선생 인지가 아직 돌아오지 않고 있습니다. 하루빨리 정신이 돌아올 수 있도록 은혜와 기적을 베풀어 주시옵소서."

아버지가 가장 싫어하는 게 사람들이 본인을 정신 이상자로 보는 것이었다. 아버지는 "나는 정신이 멀쩡한데 왜 사람들은 내 말을 믿지 않고 날 이상한 사람 취급하는 거냐."라며 기분 나빠하셨다. 그런데 '인지가 아직 돌아오지 않고' 있다니…

여러 사람 앞에서 무안을 당했다고 생각한 아버지는 목사님도 환자면서 무슨 예배냐며 엄마에게 예배를 드리지 않겠다고 하셨다. 나중에 그 말을 전해 들은 목사님은 그럼 앞으로 병실 예배를 드리지 않겠다며 맞불을 놓았다.

다행히 엄마가 목사님과 아버지를 잘 달래서 목사님도 그 부분을 조심하기로 했고 다시 같이 예배를 드리는 걸로 마무리됐다. 병실에서는 나름 심각한 상황이었겠지만 밖에서 전해 들으니 한 편의 코미디였다. 다들 환자들이고 노인들인데 서로 삐치고, 서운해하고, 화해하고. 밋밋한 병실 생활에 재미는 있겠다 싶었다.

엄마에게 말로만 듣고 상상했던 캐릭터들을 병원에서 실제로 만나 매칭해 보는 재미가 있었다. 병실 사람들은 생각했던 것보다 훨씬 좋았고 병실 분위기도 화기애애했다. 대화 내용은 블랙코미디에 가까웠다. 대부분 인맥 자랑, 자식 자랑, 돈 자랑, 과거 무용담 같은 것들이었다. 다들 자기 침상에 앉아서. 여기서 그게 다 무슨 소용인가 싶지만 그렇게라도 존재감과 자존감을 내세우고 싶은 게 사람의 본능인가 보다.

"내가 예전에 색소폰을 배웠어. 근데 이제는 골이 아파서 못 불겠어. 이도 다 해 넣은 거라 소리도 안 나고."

앞 침상에 시라소니를 닮은 아저씨는 한때 한량처럼 잘 놀았다. 골프, 탁구, 색소폰… 이것저것 안 해본 게 없는 모양이었다. 그걸 아내는 못마땅해했다. 매번 뭘 하겠다며 장비부터 사고 진득하게 하는 게 없으니.

옆에 계신 간병인 장로님이 맞받았다.

"색소폰 좋지요. 저도 좀 붑니다. 그게 처음에 소리 내는 법만 터득하면 돼요."

옆에서 듣고 있던 아내가 말도 마라는 듯 말했다.

"탁구 배운다고 탁구채 비싼 거 사놓고 며칠 치고 말아불고, 색소폰 배운다고 색소폰부터 사놓고 학교 종이 땡땡땡 갖고 2주를 낑낑댔는디 나는 한 소절도 못 들어봤소."

머쓱해하는 시라소니 집사님께 장로님이 다시 힘을 실어주었다.

"요새는 유튜브 보고도 배울 수 있어요. 아직 안 늦었어요. 얼른 재활해서 다시 시작해 보세요."

아내는 자조 섞인 목소리로 말했다.

"색소폰은 둘째 치고, 코나 좀 혼자 닦았으면 쓰겠소."

시라소니 아저씨는 팔에 마비가 와서 양팔을 못 쓴다.

"뭔 놈의 색소폰이여. 인자 침 그만 닦아줄라요."

시라소니 집사님이 무안할까 봐 면을 세워주고 싶은 목사님이 다시 불을 지폈다.

"집사님은 이것저것 다 해보셨네? 젊었을 때 여자들 좀 끌고 다녔것는디? 그 얘기나 좀 해봐."

이번에도 철벽수비 수문장 아내가 맞받아쳤다.

"목사님은 여자들을 끌고 다니셨는가 몰라도 이 사람은 여자를 앞으로 밀고 다녔어라."

병실에 웃음이 터지고 활기가 돈다. 아버지에게 생리, 안전의 욕구를 넘어 애정과 소속에 대한 욕구가 필요하다 싶었는데 잘 충족되고 있는 것 같았다.

다음은 존경의 욕구, 자아실현의 욕구다. 아버지는 정치인 이름을 하나하나 대며 그 사람들과의 관계를 늘어놓는 것으로 존경의 욕구를 충족하는 것 같았다. 남들은 그런 아버지를 어떻게 볼까?

아버지는 이번에 병원에 올 때 내가 쓴 책을 여러 권 가져오라고 했다. 병실 사람들과 재활치료사님들을 드려야 한단다. 한 분 한 분 이름을 써가며 사인을 했고 휠체어를 밀고 다니며 책을 돌렸다. 아버지는 그렇게 존중의 욕구를 충족하고 있었다.

"너는 작가라는 놈이 펜이 그게 뭐냐? 언제 어디서든 사인할 준비를 해야지. 앞으로는 펜 좀 좋은 걸 들고 다녀라. 사인용으로는 두꺼운 펜이 좋다."

내가 처음 책을 낸다고 했을 때, 강사가 되고 싶다고 했을 때 아버지는 네가 무슨 작가고 강사냐며 대학원에 가서 전공 공부나 더 하라고 하셨다. 살아보니 석박사 타이틀이 중요하다고. 그렇게 무시하고 반대하던 아버지가 이젠 그런 아들을 자랑하지 못해 안달이다. 하지만 기본 마인드는 여전하다. 아버지와의 대화를 책으로 내면 좋겠다고 하니 책 그만 쓰고 대학원 가란다. 체면과 평판을 중요하게 생각하는 아버지. 기분도 좋아 보이고 자존감도 높아진 듯한 아버지를 보니 한결 마음이 놓였다.

아버지 호흡기 이상 여부를 진찰받으러 외출을 끊고 외래 진료를 갔다. 아버지의 첫 외출이었고, 앰뷸런스 없는 첫 이동이었다. 비도 많이 내렸고 들것 없이 내 차에서 승하차가 가능할지 걱정도 됐지만 큰 무리 없이 잘해냈다. 사고가 한 번 터질 뻔은 했다. 아버지는 은행에 가서 통장 잔고도 확인하고 카드도 만들어야 한다고 우겼고 결국 우린 은행에 들렀다. 엄마와 내가 일을 보며 잠깐 한눈판 사이

뒤를 돌아보니 아버지는 휠체어에서 일어나 벽을 잡고 위태롭게 서 있었다. 아찔한 순간이었다.

"밖에 나온 김에 몰래 도망 가불라고 했지."

조금만 늦었으면 큰일 날 뻔했다. 아버지의 상상 속에서는 「쇼생크 탈출」 중이었을 거다. 자유를 향한 의지만큼은 정말 높이 살 만하다.

이왕 밖에 나온 김에 맛있는 걸 사드리려고 장어집에 갔다. 엄마는 늘 아버지가 우선이었다. 식사하셨냐고 안부 전화를 드릴 때마다 "아버지는 하루 종일 뭘 통 안 드셨다." "아버지는 오늘 장조림 국물에 말아서 쪼끔 드셨다."라며 늘 대답의 시작은 "아버지는"이었다.

"아버지 말고 엄마요. 저는 엄마가 식사 잘 하셨는지 궁금한 거예요."

엄마는 아버지를 간병하느라 정작 본인 식사를 챙기지 못해 체중이 10kg 이상 빠졌다. 야윈 엄마를 볼 때마다 마음이 안 좋았고 엄마가 배불리 드시는 모습을 보고 싶었다. 병원에서 빨리 복귀하라고 전화가 왔지만 진료가 밀려서 늦었다고, 차가 좀 막히는데 금방 복귀하겠다고 둘러댔다. 배불리 잘 드시는 엄마를 보니 마음이 놓였지만 한편으론 그 모습이 안쓰러웠다.

엄마는 식사하는 내내 아버지를 챙겼고 아버지도 엄마를 흐뭇하게 바라봤다. 늙은 노부부의 모습은 아름답기도, 애잔하기도, 미스터리하기도 했다. 두 분 사이에는 나는 도저히 이해할 수 없는 세월의 정이 있었다.

아버지는 중학교 시절, 무슨 연유에선지 서울로 이사 간 가족들을 뒤로한 채, 홀로 광주에 남아 학교에 다녔다. 외할아버지는 아버지의 중학교 선생님이었고 제자인 아버지를 본인의 집에 들여 함께 살았다. 그때가 엄마와의 첫 만남이었다. 엄마는 당시 아버지를 똑똑하고 말이 없고 숫기 없는 착한 사람으로 기억했다. 한 공간에서 같이 살며 한솥밥을 먹었지만 몇 마디 말을 나눈 적도 없는 부끄럼 많은 사춘기 소년, 소녀였다. 아버지는 고등학교 진학을 위해 서울로 올라갔고, 아버지와 엄마는 서로를 잊은 채 각자의 삶을 살았다. 아버지가 대학생, 엄마가 교사가 된 이후 운명처럼 다시 두 분이 만나게 되었고 그게 결혼으로 이어졌다. 참 질긴 인연, 운명적 만남이다. 미운 정 고운 정 다 쌓인 두 분의 관계는 애초에 내가 감히 짐작할 수 있는 수준이 아니었다. 아버지로 인해 그렇게 힘들고 눈물 흘리는 날이 계속되어도 엄마는 아버지 옆에서 제일 행복해 보였고 아버지 역시 엄마가 옆에 있을 때 가장 즐거워 보였다.

엄마가 좋으면 된 거다. 엄마가 행복해하는 모습을 보니 병원에 오기 전 아버지에게 품었던 원망과 미움을 마음속 저 깊은 곳에 묻어두길 잘했다는 생각이 들었다.

시간이 흘러 내일이면 또 아버지를 뵈러 간다. 끝없는 터널이다. 내가 해야 하는 것, 내가 할 수 있는 것, 말하지 않고 감춰야 하는 것. 최선은 무엇일지. 아버지를 만나러 가는 길엔 항상 생각이 많아진다.

아버지에게 전략이 통할까?

– 아버지를 이길 수 있는, 나를 살리는 전략

> 내 안의 어린아이가 울고 있다면 달래줘야 한다. 남들에게 좋은 사람이 되려고 애쓰기 전에 나 자신에게 먼저 좋은 사람이 되어야 하는 것이다. 지금 남들에게 가장 듣고 싶은 말을 나 자신에게 해 주는 것도 방법이다. 잘하고 있다고, 어떻게든 잘 될 테니까 걱정하지 말라고 스스로에게 말해주는 것이다.
>
> – 박지현, 『참 괜찮은 태도』 中 –

아침 6시. 엄마에게 전화가 왔다. 덜컹. 또 무슨 일이 생긴 건가? 간밤에 아버지가 호흡 곤란 증세가 있어서 한숨도 못 주무시고 힘들어하셨다고, 검사를 받으러 전문 병원에 가봐야 할 것 같단다.

나는 또 휴가를 내고 병원으로 갔다. 부모님의 주치의 격 의사 선생님이 있는 동네 단골 내과에 먼저 갔다. 가는 길부터 험난했다.

주차장은 자갈밭이라 휠체어가 밀리지 않았고, 병원 입구는 턱이 높아 주변의 도움을 받아 휠체어를 들어올려야 했다.

진료를 받고(결국 큰 병원으로 가봐야 할 것 같다는 말 한마디가 진료의 전부였지만) 점심을 먹으러 옆 식당으로 가는 길은 더욱 험난했다. 좁고 급한 경사에 울퉁불퉁한 보도블록이라 젊은 내가 밀고 가기에도 만만치가 않았다. 낑낑거리며 도착한 식당은 신발을 벗고 들어가는 좌식뿐이었다. 편마비인 아버지가 양반다리를 하고 앉아 식사하는 건 불가능했다. 다시 급경사를 내려와 주차장 자갈밭을 건너 겨우 차에 앉혀드렸다. 아버지는 왜 식당에 안 들어가고 다시 차에 타는 거냐며, 좌식이 뭐가 문제냐며 따졌다.

평소엔 전혀 느끼지 못했던 장애인의 불편함을 몸소 체험했다. 외국인들이 우리나라에 와서 놀라는 것 중 하나가 '한국엔 어떻게 장애인이 없냐'는 것이란다. 우리 민족 특유의 장애 없는 DNA가 있거나 우리나라가 특별히 안전해서가 아니라 장애인이 밖에서 이동하고 생활할 수 있는 여건이 열악해 밖으로 나오지 못하기 때문이라는 이유를 듣고 참 씁쓸했었는데 이제야 비로소 실감할 수 있었다.

휠체어 입장이 가능한 식당으로 들어가 식사를 마치고 큰 병원에 검진을 받으러 갔다. 순환기 내과 의사 선생님은 최초 뇌경색으로 입원했던 병원으로 가서 검진을 받아보는 게 어떻겠냐고 했다. 여기서도 결론은 더 큰 병원에 가보라는 거였다. 하지만 불과 3주 전에 갔던 큰 병원에서는 아무런 검사도, 조치도 해주지 않고 그냥 코골이 무호흡증인 것 같다며 우릴 돌려보냈었다. 가족오락관 폭탄 돌리기도 아니고 이게 뭐 하는 건지…

엄마는 의사 선생님께 아들이 올 때만 병원에 갈 수 있는 상황이라 지금 이 병원에서 할 수 있는 조치를 해주면 안 되겠냐고 부탁했다. 결국 그 병원에서 이것저것 찍어보고 흉부외과 추가 검진까지 받아보니 늑막에 물이 찼단다. 그 원인이 심장일 수도 있고, 정확한 원인을 파악하려면 입원해서 정밀 검사를 해봐야 한다고 했다.
　아… 정말 끝도 없구나. 선뜻 이 병원에 입원할 수도 없는 상황이라 추가로 지어준 약만 받아 돌아왔다. 가슴이 답답할 때 심장 혈관을 이완시켜 답답함을 일시적으로 해소해 주는 약이란다. 2주 경과를 지켜보고 다시 보잔다.
　아버지는 그 약을 만병통치약으로 생각했다. 낮에 한 알 먹고 저녁이 되니 또 그 약을 달라고 했다.
　"아버지, 이 약은 아무 때나 먹는 게 아니에요. 가슴이 답답하실 때만 먹는 거예요."
　아버지는 식후마다 먹는 거라고 우겼다. 그러면서 취침 약(수면제)이라도 달란다. 저녁 8시도 안 됐는데.
　"아버지, 지금 이거 드시면 밤에 또 깨세요. 이따 주무시기 전에 드릴게요."
　"그냥 주라면 줘. 지금 먹고 푹 자게."
　"아버지, 그럼 밤에 또 깨서 나가자고 하실 거잖아요."
　"내가 안 나간다고 몇 번을 말했나!"
　우기기, 화내기, 안 듣기. 반복이다. 그래, 아버지 원하는 대로 해드리자. 밤에 나가지 않기로 다시 한번 약속을 받고 취침 약을 드렸다. 아니나 다를까. 아버지는 11시부터 뒤척였다. 어깨, 다리, 발바

닥을 주물러드리니 다행히 가만히 누워 잠이 드셨다. 하지만 그때 뿐이었다. 조금 뒤…

"양말 신겨라, 나가자."

역시나 반복되는 밤이다. 이젠 밤이 오는 게 무섭다. 실랑이를 해 봐야 남들에게 피해만 주고 아버지는 계속 나가자고 할 테고. 휠체어를 밀고 목적지도 없이 또 뺑뺑이를 돌았다. 아버지는 핸드폰과 통장을 찾았다.

"이 시간에 핸드폰이랑 통장은 왜요?"

"필요하니까 찾지. 가지러 가자."

"이 시간에 전화 올 곳도 없어요. 통장도 잘 있으니 걱정 마세요."

"지금 전화가 울리면 병실 사람들한테 피해를 줄 거 아니냐. 갖고 와야지."

아버지가 한번 우기면 답이 없다. 불필요한 감정 소모보다는 체력 소모가 낫다. 핸드폰을 드리니 이것저것 누르신다. 편측 무시로 잘 보이지 않는 탓에 조작이 불가능했지만 아버지는 핸드폰이 오래돼서 작동이 안 된다며 폰도 바꾸러 가야겠단다. 아무 버튼이나 누르다 혹여나 누구에게 전화라도 걸릴까 봐 뒤에서 지켜보는데 아니나 다를까 엄마에게 영상통화가 걸렸다. 새벽 2시에.

엄마 폰에 벨이 울리기 전에 꺼야 했다. 난 얼른 핸드폰을 뺏으려 했고 아버지는 뺏기지 않으려 폰을 꽉 움켜쥐었다.

"지금 뭐 하시는 거예요!"

난 아버지 손아귀에서 핸드폰을 확 낚아챘다. 또다시 일촉즉발의 상황이 오고 말았다. 지난번에 이어 2차전이 시작되는 건가?

"이게 뭐 하는 짓이야! 내가 내 마누라한테 전화한다는데 니가 뭔 상관이야!"

"제 엄마예요! 제 엄마 잠을 왜 깨우세요!"

"이 새끼 말하는 거 봐라. 내가 살다 살다 별 경우를 다 당해보네."

"병실 사람 잠 깨우는 건 미안하고 엄마 잠 깨우는 건 안 미안하십니까? 새벽 2시에 왜 전화를 하십니까?"

"갑자기 찾아가면 엄마가 놀랄 거 아니냐!"

하… 아버지의 망상이 또 시작됐구나. 말을 말자.

"약 먹어야겠다. 약 주라."

"그거 아무 때나 먹는 약 아니에요. 증상도 없는데 드시면 안 돼요."

"하루 세 번은 먹어야지!"

"아버지, 저녁에도 취침 약 달라고, 밤에 안 나간다고 몇 번을 말하냐고 저한테 화내시고는 또 나오셨잖아요. 아버지가 우기시는 게 다 맞진 않습니다. 인정할 건 좀 인정하세요."

아버지는 또 탈출구를 찾았다. 수십 번을 돌아도 또 이리 가자, 저리 가자. 열 번도 넘게 온 곳이지만 늘 처음인 것처럼 닫힌 문을 열어보려는 아버지께 여기서 나갈 수 있는 방법은 퇴원뿐이니 열심히 재활하자고, 코로나 때문에 모든 문이 다 폐쇄되었다고 몇 번을 말했지만 전혀 통하지 않았다.

"여기는 감옥이랑 똑같다. 나한테 무슨 자유가 있냐. 그나마 숨 쉴 수 있는 건 밤밖에 없다."

"병원 안에서 답답하신 건 압니다. 하지만 병원에서 제일 자유로운 사람이 아버지입니다. 자고 싶을 때 자고, 먹고 싶을 때 먹고, 나가고 싶을 때 나가고. 간병하는 엄마나 저야말로 자유가 없습니다. 아버지가 하자는 대로 맞춰드리느라 밥을 제대로 먹을 수 있습니까, 잠을 제대로 잘 수 있습니까? 아버지는 잠 올 때 주무시면 되지만 간병하는 사람은 긴장 속에서 잠도 못 잡니다. 그나마 잘 수 있는 밤에도 이렇게 매일 나가시니… 저야 고작 3일이고 젊어서 괜찮지만 엄마는 이러다 쓰러지십니다."

나도 참다 참다 푸념을 늘어놓았지만 서로 감정만 상할 뿐, 효과는 없어 보였다. 아버지는 계속 이리 가자, 저리 가자 똥개 훈련을 시켰다.

"아버지, 하고 싶은 대로 맘대로 하세요. 저는 옆에 있을 테니까 필요하면 부르세요."

아버지는 폐쇄된 문 앞에서 한 시간이 넘도록 낑낑댔다. 집념 하나는 인정이다. 뜻대로 되는 것 없이 화만 쌓인 아버지는 흘러내리는 땀을 닦으며 말했다.

"들어가자."

3시 반. 이제라도 끝나 다행이다. 2시간은 자겠구나. 엘리베이터를 타고 올라와 병실로 향하니 아버지는 또 딴지를 걸었다.

"왜 이리 가냐?"

"이제 들어가자고 하셨잖아요."

"안 들어간다. 저리(반대 방향) 가!"

반대를 위한 반대. 무조건 반대부터 하고 자기주장을 내세우며 존재감을 확인하는 것 같았다. 반대편 끝에 있는 휴게실에 도착했다. 아버지는 아슬아슬하게 소파에 누웠다.

"피해 안 줄 테니까 넌 들어가라!"

"아버지, 지금 이러시는 게 피해 주는 겁니다. 주무실 거면 들어가서 주무세요. 이러다 낙상하시면 큰일입니다."

"말 그만해! 한마디만 더 해라. 더 이상 화나게 하지 마!"

그건 내가 하고 싶은 말이었다. 난간이 없는 소파에서 혹시라도 아버지가 돌아눕는 순간 낙상이었다. 누워 있는 아버지 곁을 뜰 수 없었다. 새벽 공기가 차가워 여기서 이렇게 주무시다가는 감기에 걸릴 것 같아 병실에서 얼른 이불을 가져와 덮어드렸다. 한 시간 정도 지나니 아버지가 뒤척였다.

"아이고 어깨야. 어깨에 붙이는 안마기 좀 가져와라."

"어깨 좀 주물러라."

"춥다. 전기담요 좀 가져와라."

피해 안 줄 테니 들어가랄 때는 언제고 아버지의 요구는 계속됐다.

"여기가 어딘지 아시겠어요? 휴게실이에요. 전기 꽂을 코드도 없어요."

아버지는 추워서 더는 못 버티겠는지 병실로 들어가자고 했다. 시계를 보니 5시가 다 되어갔다. 화도 나고, 답답하고, 이게 최선이었을까 다시 복기도 해보며 뜬눈으로 밤을 새웠다.

다음 날, 아버지와 나 둘 다 어젯밤 일에 대해서는 일언반구도 없었다. 언제 그랬냐는 듯 바람을 쐬며 농담을 했고 머리를 깎고 목욕을 시켜드렸다.

팃포탯(Tit for Tat) 전략이 떠올랐다. 게임이론에서 가장 강력한 전략이다. 컴퓨터 모의 시뮬레이션 대회. 200회의 양자택일 경기를 진행한다.

- A, B 협력: 각 3점
- A 협력, B 배신: A(0점), B(5점)
- A, B 배신: 각 1점

참가자들은 각각의 전략 프로그램을 짰는데 우승자의 프로그램은 팃포탯 전략이었다. 한 번도 상대보다 좋은 점수를 얻지 못했지만 최종 누계에서는 최고 점수를 획득했다. 배신하면 바로 응징하고 협력하면 반드시 보상을 해주는 어찌 보면 단순한 프로그램. 눈에는 눈, 이에는 이다. 반복될수록 상대는 결국 협력을 선택하게 되고 모든 상대가 협력하게 되어 우승을 차지했다.

의도치 않았지만 지금 내가 아버지께 하고 있는 방식이 팃포탯 전략이었다. 팃포탯 전략의 주요 특성은 다음과 같다.

첫째, 불필요한 갈등을 일으키지 않고 협력한다.

둘째, 상대가 배신할 경우 즉시 응징한다.

셋째, 응징한 후에는 용서한다.

넷째, 상대가 나의 패턴에 적응할 수 있도록 행동을 명확하게 한다.

아버지를 대할 때 무조건 협력한다. 아버지가 선을 넘을 경우 나도 나름의 방식으로 즉시 응징한다. 기껏해야 불친절, 말대꾸 정도겠지만. 날이 밝으면 언제 그랬냐는 듯 용서하고 협조한다. 하루하루로 보자면 끝이 보이지 않고, 내가 잘하고 있는 건지 하루에도 수십 번씩 의심하게 된다. 경기가 반복될수록 상대의 협조를 끌어내는 데 가장 유리한 전략인 팃포탯 전략이 떠오르며 어쩌면 내가 지금 긴 레이스에서 가장 효율적인 대처를 하고 있다는 생각이 들었다. 자식이 아버지에게 무슨 전략이며, 게임이론이냐 싶기도 하지만 그나마 이렇게라도 생각하니 병원에서의 힘든 하루하루를 게임처럼 받아들이며 버틸 힘이 생기는 것 같다.

내가 나에게 '민아, 지금 넌 잘하고 있어'라며 셀프 칭찬을 하고 셀프 위로를 받는다. 어떻게든 고통스러운 시간에 의미를 부여하고 스스로를 다독이며 힘을 내려는 생존 본능이 아닌가 싶다.

그나저나 팃포탯 전략이 뇌를 다친 사람에게도 똑같이 적용되는 전략 맞나? 나도 아버지 실험 결과 정리해서 노벨상 한번 노려봐?

우리 아버지가 달라졌어요
– 아버지는 방장이 되셨다

주위 사람들의 격려가 필요했다.
내가 아직 가치 있는 사람이란 사실을 확인하고 싶었다.
– 질 볼트 테일러, 『나는 내가 죽었다고 생각했습니다』 中 –

병원에 도착하니 부모님은 활짝 웃으며 나를 반겼다. 아버지가 내 손을 꼭 잡고 말했다.
"오늘 작은아들이 온다고 했더니 간호사들이 환호성을 지르더라."
「미생」에서 장그래의 대사가 떠올랐다.

"잊지 말자. 나는 어머니의 자부심이다."

이렇게 날 자랑스러워하시는 부모님. 내 손을 꼭 잡고 좋아하는 아버지의 얼굴을 보며 마음 한구석이 불편했다. 내가 아버지를 간병하러 병원에 오는 가장 큰 이유, 어쩌면 대부분의 이유는 엄마였다. 엄마가 힘드시니까. 엄마에게 힘이 되려고. 아버지의 상태가 빨리 호전되고 아버지 기분이 좋아야 엄마도 좋으실 테니까. 이런 내 마음을 아버지가 안다면 아버지는 얼마나 슬플까?

이번에는 아버지가 조금 더 좋아지기를, 엄마 때문이 아니라 아버지 때문에 잘해드릴 수 있게 되기를 빌었다.

다행히 아버지 상태는 아주 좋았다. 몸 상태는 비슷했지만 표정, 기분, 발음이 좋아졌다. 알고 보니 이유가 있었다. 아주 웃기는 이유지만 아버지가 '방장'이 됐기 때문이다.

병실에 있던 환자 중 한 분이 퇴원했다. 그분들(환자와 간병인)은 병실의 트러블 메이커였던 것 같다. 계속 미묘한 신경전과 작은 트러블이 있었지만 최근엔 목사님과 고성이 오가는 언쟁이 있었다. 심지어 목사님이 병실에서 예배드리고 환자들에게 안수 기도 해주는 것을 불법 의료행위로 고발하겠다고까지 했단다. 그분들이 목사님께 막말했다는 소식을 들은 시라소니 집사님이 병실로 들어와 다 죽여버리겠다고 큰소리를 치셨고 그 후 며칠 동안 병실에서는 대화도 없이 정적이 흘렀다(트러블 메이기 환자분은 걷지 못하고 시라소니 집사님은 양팔을 못 쓴다. 스텝을 밟을 수 있는 시라소니 집사님이 아무래도 우위를 점한 것 같다). 퇴원할 때가 된 건지 제 발로 나가신 건지 모르겠지만 그분들이 퇴원한 후로 병실 분위기가 아주 밝아졌다. 그리고 목사님은 아버지께 '방장'이라는 타이틀을 주셨다. 병실 분위기를 잡는 역할을 하라고.

아마도 지나가는 우스갯소리거나 아버지가 말을 더 자주 하면서 회복되길 바라는 마음에서 그냥 던진 말일 텐데 아버지는 방장이라는 직위가 아주 맘에 들었나 보다. 아버지는 시도 때도 없이 농담을 던지고 재미있는 이야기를 하며 병실 분위기를 화기애애하게 만들었다. 얼굴 한쪽에 마비가 와서 발음이 불분명했지만 병실 사람들은 용케 잘 알아들었고 아버지의 유머는 병실 사람들에게 먹혔다.

"아버지, 병실 분위기가 좋아졌네요? 옆 환자분이 퇴원하셔서 그런가 봐요?"

"응. 목사님이랑 큰일 있었다고 들었지? 내가 한마디만 하면 진작에 끝날 일을 엄마가 아무 말도 말라고 말리는 통에 일이 복잡해져 브렀다. 내가 나섰으면 이런 일도 안 생겼지. 내가 손가락 한 마디만 썼어도 그놈들은 다 나가떨어졌을 것인디."

걷지도 못하는 분이 손가락을 어떻게 써서 어떻게 다 날려버린다는 건지 모르겠지만 아버지는 진지했다. 농담이 아닌 것 같았다. 방장이 슈퍼 히어로인 줄 아시나?

"민아, 뭐 재밌는 이야기 없냐? 병실 사람들이 다 내 이야기를 기다린다. 매일 한 개씩 이야기를 들려줬는데 이제 이야기가 다 떨어져서 큰일이네."

아버지는 실적의 압박을 받고 있었다. 다행이었다. 얼마 전까지는 매번 선거에 나가야 한다고, 여긴 감옥이라고 부정적인 생각만 하던 아버지가 이제는 어디 재밌는 이야기 없나 골몰하고 있으니.

내가 아는 유머 하나를 들려드렸더니 "와하하! 그거 진짜 고급 유머다!" 하며 바로 병실로 올라가자고 했다. 내가 들려드린 이야기 그대로 하면 좋았을 것을 아버지는 봉숭아 학당의 맹구처럼 이상하게 살을 붙여가며 몰입도를 떨어뜨렸다. 내 이야기를 제대로 알아듣긴 한 건지 점점 산으로 가는 이야기를 옆에서 듣는 내내 맘을 졸였다. 집중력이 흐려진 병실 사람들은 각자 다른 일을 하고 TV도 보았지만 아버지는 침상에 누워 천장을 바라본 채 꿋꿋이 이야기를 이어나갔다. 편측 무시로 사람들 반응을 보지 못하는 게 이럴 땐 다행이었다.

다음 날 아침, 병실 사람들은 운동하러 나가며 늦잠 자는 아버지를 깨웠다.
"아들 왔을 때 걸어봐야제. 우리가 다 같이 응원해 줄랑께."
아버지는 처음으로 보조기구를 사용해 걸었다. 걱정 많은 엄마, FM인 엄마는 재활치료사 선생님이 보조기구는 아직 이르다고 했다며 사용을 못 하게 막았다. 하지만 여기 있어 보니 이분들에게 최고 권위자는 의사나 재활치료사가 아니었다. 그 어떤 의학지식도 오래 투병한 사람의 경험담을 이길 순 없었다. 병실 사람들은 여러 사례를 예시로 들며 치료 프로그램 따라가다가는 영영 못 걸을 수 있다며 무조건 해봐야 한다고, 아들이 온 김에 도전해 보라고 부추겼다.
병실 사람들의 응원 속에서 아버지는 걸음마 연습을 했다. 보조기구를 사용해 최초로 걷기에 성공한 아버지께 모두 박수를 보냈고 다 같이 매점에서 차를 마시며 담소를 나눴다. 이렇게 병실 분위기가 바뀌다니.

 아버지 인지가 조금 더 좋아지신 걸까? 가족을 가장 힘들게 했던, 밤에 나가자고 고집부리던 히스테리가 없어졌다. 물론 여전히 망상으로 엉뚱한 말을 하고 재촉하고 고집도 부리지만 그래도 이 정도면 아주 좋아진 거였다. 다시 회사로 돌아가는 발걸음이 가벼웠다.

 아버지는 엄마에게 말했다.
 "나 이제 착하게 살기로 했어."
 내게도 말했다.
 "고생했다. 회사 가서도… 재밌는 이야기 생각나면 연락해라."
 아버지를 위해서라도 뭐 재밌는 거 없나 촉을 세우며 살아야겠다. 재미있는 이야기는 병원에서 더 많을 것 같긴 하지만…

애증의 관계, 목사님과의 작별
– 해묵었던 감정도 눈물과 함께 사라지고

울고 싶을 때 울 수 있다는 건 커다란 축복이다. 하지만 그보다 더 커다란 축복은 나의 울음을 지켜봐 줄 누군가가 내 옆에 있는 것이다.

– 김혜남, 『만일 내가 인생을 다시 산다면』 中 –

목사님과 시라소니 집사님이 곧 퇴원하신다. 두 분은 시라소니 집사님 고향인 장흥에 있는 한 재활병원으로 함께 옮기기로 했다(한 병원에서 3개월까지만 입원할 수 있어 병원을 주기적으로 옮겨야 한다). 목사님과 아버지는 옆에서 보기에 불안한 관계를 이어오고 있었는데 이쯤에서 두 분이 헤어지는 게 잘된 것일 수도 있겠다는 생각이 들었다.

처음엔 목사님과 관계가 좋았다. 아버지는 목사님을 잘 따랐고 목사님도 늘 아버지의 상태를 체크하고 기도해 주시며 신경을 많이 써주셨다. 하지만 좋은 관계가 유지되는 데에는 적당한 거리가 필요한 것 같다. 오랜 시간 병실 생활을 함께하며 각자 말 못 할 불만이 쌓여가고 있었다. 발단은 앞에서 언급했던 목사님의 기도였다.

"아버지 하나님, 우리 설 선생 인지가 아직 돌아오지 않고 있습니다. 하루빨리 정신이 돌아올 수 있도록 은혜와 기적을 베풀어 주시옵소서!"

이 일로 아버지는 목사님이 여러 사람 앞에서 자신을 정신병자 취급했다며 맘이 상하셨고 어찌어찌 겨우 사태가 봉합되었으나 앙금은 깊게 남았다. 이후 목사님은 기도에 아버지의 '인지'는 언급하지 않았지만 목사님 특유의 '구체적인' 기도는 계속됐다.

"하나님, 감사합니다. 우리 시라소니 집사, 드디어 팔이 코까지 올라왔습니다! 이제 오줌줄이 터지는 기적을 허락하여 주시옵소서 (시라소니 집사님은 소변줄을 차고 계신다)! 시라소니 집사, 지금까지는 고삐 풀린 망아지처럼 살았으나 이제는 하나님을 알게 되었습니다…"

개인정보 유출과 과거 신상 털기까지. 하나님께 이렇게 세세하게 보고하지 않으셔도 하나님은 다 알고 계실 텐데. 이때까지만 해도 아버지는 목사님 편을 들었다.

"하나님도 나이가 솔찬해서 기억이 가물가물하실 것인디 구체적으로 기도하는 것도 좋은 방법이제."

하지만 시간이 갈수록 아버지는 목사님 험담을 자주 늘어놓았다. 우뇌 손상이 오면 비판적 성향을 보인다는데 원래도 비판적이었던 성격이 더 강화된 것 같았다.

"목사님이 너무 돈을 밝힌다."

"목사님은 참견이 심하다. 모든 분야에 자기가 최고인 줄 아신다."

"목사님이 사람들한테 뭐라고 말하고 다니시는 줄 아냐? 내가 처음에는 말도 못 하고 인지도 떨어졌는데 본인 기도로 기적이 일어난 것처럼 광고하고 다니신다."

아버지는 가끔 목사님의 말씀을 정면으로 비판하거나 비꼬기도 해서 옆에서 보기 조마조마할 때가 있다. 목사님은 파킨슨병을 앓고 있는데 병 때문인지 밤에 자주 악몽을 꾼다.

"으악!!! 저리 가!!!"

목사님은 이날도 악몽을 꾼 건지 병실이 떠나가도록 소리를 질렀고 그 소리에 병실 사람들 모두 잠에서 깼다.

"워매, 또 무서운 꿈 꾸셨는갑네."

"목사님, 괜찮허요? 꿈이여, 꿈. 또 뭔 꿈을 꾸셨으까?"

"누가 총을 들고 쫓아오네. 나를 죽일라고."

"워매, 총을 들었어? 무서웠겠네. 얼른 다시 주무시쑈."

병실 사람들도 자다가 놀랐을 텐데 모두 목사님을 걱정했다. 오직 한 사람, 아버지만 빼고. 아버지는 누워서 손가락질하며 혀를 끌끌 차고 있었다.

다음 날 아침 아버지는 목사님 얘기를 꺼냈다.

"매일 저렇게 누가 죽이려고 쫓아오는 꿈을 꾸는 걸 보면 어떤 인생을 살아왔는지 알 수 있다. 돈 자랑, 자식 자랑이 무슨 소용이 있어. 얼마나 불행한 삶이냐? 목사님이면 하나님만 믿으면 되지 뭐가 무섭고 뭐가 걱정이라고."

특히 정치 이야기가 나오면 항상 부딪쳤다. 안 그래도 선거에 나가겠다고 난리인데 연일 뉴스에 정치 이야기가 나오고 병실에서도 정치로 논쟁이 붙으니 항상 조마조마했다. 제 몸 하나 건사하기도 힘든 환자들이 병실 침상에 앉아 정치로 싸우는 모습이라니. 정치가 사람을 살기 좋게 하는 것이 아니었다. 오히려 사람을 망치는 것이 정치고, 진짜 환자를 만드는 것이 정치였다. 난 이곳에서 정치에 학을 뗐다. 병실에 있는 동안 제발 정치 이야기가 나오지 않기를 맘 졸이며 기도했다. 하지만 또 정치 관련 논쟁이 일어났고 아버지가 목사님께 던진 한마디로 돌아올 수 없는 강을 건너버렸다.

"목사님은 공산주의자 같은 생각을 하시네요."

발끈한 목사님은 아버지에게 따졌고, 서로 몇 합이 있고 난 뒤 병실에 냉전이 시작됐다. 정치는 종교보다 셌다. 결국 목사님과 아버지 사이도 갈랐다. 병실에 봄이 찾아온 지 얼마 되지 않았는데 다시 겨울이 와버렸다. 하지만 이대로 목사님과 헤어질 순 없었다. 며칠 뒤 아버지는 목사님께 사과했다.

"그때 많이 기분 상하셨죠? 목사님이 저를 많이 생각해 주셨는데. 죄송합니다."

"그때 상했던 것이 아니라 지금도 상해 있네."

목사님은 병실 사람들 앞에서 공산주의에 대해 10분간 설명을 해야 기분이 풀리겠다고 했고(참 목사님다운 해법이다) 결국 병실 사람들 앞에서 긴 변론을 마치고서야 두 분의 관계는 회복되었다. 적어도 겉보기에는.

목사님 퇴원 전 마지막 일요일. 병원에서 목회를 주관하는 목사님이 따로 계시는데 이번엔 특별히 병원 예배를 우리 병실 목사님이 주관하기로 했다. 목사님 퇴원 소식을 듣고 병원 목사님께서 배려해 주신 것 같았다.

그날 아침 우리는 매점 앞에서 담소를 나누고 기념사진을 찍고, 전원 예배에 참석했다. 우리 병실 사람들은 다른 병실을 돌아다니며 오늘 예배는 우리 목사님이 설교하시니 다들 참석하라고 홍보하고 다니셨다.

예배 중간중간 큰소리로 "아멘!"을 외쳤다. 믿음의 "아멘"이라기보다는 응원의 "아멘"이었다. 목사님은 만감이 교차하시는 듯 설교 중 몇 차례 눈물을 흘렸다.

예배를 마친 후에 병실에서는 오늘 설교 말씀이 정말 좋았다며 너도나도 목사님을 띄워드렸다. 이렇게 끈끈한 분위기의 병실이 있을까? 하지만 진짜 이별을 해야 할 때가 왔다. 목사님과 시라소니 집사님이 퇴원하는 날. 목사님은 본인이 보던 손때 묻은 성경책을 아버지께 선물했고, 아버지는 앉은뱅이가 일어나듯 자리에서 일어나 한 걸음씩 목사님께 걸어가 목사님을 안고 엉엉 울었다. 병실 사람들 모두 잘 참아왔던 눈물이 걷잡을 수 없이 터지며 병실은 울음바다가 되었고, 그동안 해묵었던 모든 감정도 눈물과 함께 씻겨 내려갔다. 우리 병실 멤버, 참 좋았는데…

이제 또 어떤 분들과, 어떤 일이 있을지. 회사 인사 발령 시즌처럼 병실 인사 발령 시즌이 찾아왔고, 싱숭생숭 붕 뜬 느낌이다. 이번엔 구마적과 스님이 오시는 건 아니겠지?

엄마는 또 짐을 더 짊어지셨다
- 당신은 지금 편안하게 별일 없이 지내고 있는가?

만나는 사람마다 네가 모르는 전투를 치르고 있다.
친절하라. 그 어느 때라도.
- 비욘 나티코 린데블라드,『내가 틀릴 수도 있습니다』中 -

"왜 살아! 죽어! 이렇게 살 거면 죽으라고!"
 병원 화장실에서 울려 퍼진 고성에 머리털이 바짝 곤두섰다. 여자의 칼로 찌르는 듯한 고성과 "퍽! 퍽!" 구타당하는 소리, 남자의 울음소리가 복도까지 울려 퍼졌다. 하필 아버지는 그때 화장실이 급하다고 했다. 어쩔 수 없이 고성이 울리는 화장실에 아버지를 모시고 들어갔다.
 장애인 화장실은 문이 열려 있었고 부인으로 보이는 여성은 우리가 들어온 것을 아는지 모르는지 남자의 머리와 등을 세게 때리고 있었다. 바닥에 소변이 흐른 걸로 보아 남자는 변기에 앉아 소변을 보았고, 실수로 소변이 변기 밖으로 흐른 것 같았다. 물론 바지에도 온통 소변이 묻었다. 아마도 이 같은 일은 한두 번이 아니었을 테고 순간 부인의 분노가 걷잡을 수 없이 터져버린 것 같았다. 보호자는 더 이상 보호자가 아니었다. 가장 폭력적이고 위협적인 존재로 돌변했다.

아버지가 소변을 마치자마자 못 본 척 급하게 화장실을 빠져나왔다. 나오는 길에 옆 눈으로 슬쩍 보인 건 어디선가 찾아낸 빗자루를 집어 들고 남자에게 달려가는 여자였다. 휠체어를 밀고 가는 내 뒤통수 뒤로 또다시 "퍽! 퍽!" 하는 소리와 남자의 울음소리가 들렸다.

남자는 아파서 우는 걸까, 처량해서 우는 걸까? 내가 개입해서 말려야 했나? 아무것도 모르는 내가 말리는 게 맞는 걸까? 간병이 얼마나 힘든 것인 줄 알기에 저러는 여자도 얼마나 힘들면 저럴까, 어떤 말 못 할 사연이 있을까, 하루하루 얼마나 지옥 같을까 싶기도 했다. 아침부터 소름 끼치는 광경을 목격해 하루 종일 마음이 좋지 않았다.

생각해 보면 우리 가족은 지금까지 아버지를 존중하며 잘 버티고 있다. 남들은 왜 간병인을 쓰지 않느냐고 묻지만 우리 가족에겐 상상하기 어려운 일이고 엄마에겐 있을 수 없는 일이다. 남들은 이런 우리 가족을 이해하기 어려울 것이다. 나도 그런 엄마가 이해되지 않을 때가 많다.

평생 속 썩여온 아버지를 어쩜 저렇게 모실 수가 있을까? 어쩜 저렇게 아버지밖에 모를 수가 있을까? 뇌를 다친 환자 중 아버지처럼 존중받는 사람은 없을 것이다. 이런 게 우리 가족의 분위기이고 거창하게는 가풍, 문화인 것 같다. 하지만 가끔은 이게 맞는 건가 싶을 때가 있다. 아버지가 고집을 부리며 힘들게 할 때. 그런 아버지에게 쩔쩔매는 엄마를 볼 때. 눈물, 한숨, 한탄, 걱정으로 가득한 엄마의 전화를 받을 때. 엄마가 이렇게 고통받는 것이, 가족들의 삶이 아버지로 인해 이렇게 휘둘리는 것이 맞는 것인지. 최근 여건이 바뀌며 뭔가 변화가 필요하겠다는 생각이 들었다.

형이 요새 갑자기 일이 바빠져 그 자리를 내가 메우게 되었고 이런저런 일이 겹치며 주말 3주 연속 내가 간병을 하게 되었다. 내가 힘든 건 아무 상관 없었다. 하지만 아내에게는 너무 미안했다. 주말 부부로 주말에만 볼 수 있는 남편인데 3주 내내 얼굴도 볼 수 없으니. 아내는 내게 괜찮으니 신경 쓰지 말라고 했지만 이런 삶의 불균형 상태가 길어지면 말 못 할 불만이 조금씩 쌓이고 결국 다른 곳에서 조금씩 금이 가고 모두가 힘들어질 거라는 생각이 들었다.

화장실에서 봤던 그 간병인도 처음부터 그러진 않았을 것이다. 긴 간병의 시간이, 자기도 모르는 사이에 자신을 그렇게 만든 것은 아닐까. 3주째 간병을 마치고 돌아온 월요일, 엄마에게 전화를 드렸다. 간병인을 구하자고. 주말 간병인이라도 구해보자고. 지금까지는 괜찮지만 몇 년이 될지, 언제 끝날지 모르는 이 상태가 지속되면 괜찮지 않을 수 있다고. 엄마에겐 상상도 할 수 없는 일이겠지만 보통 사람들이 보기엔 간병인을 쓰지 않는 우리 가족이 독특한 거라고. 이 상황에 가족 모두가 희생하고 있지만 정작 아무 희생도 하지 않는 건 아버지뿐이라고. 아버지도 불편과 희생을 감수하셔야 한다고.

처음에 엄마는 절대 안 된다로 시작해 끙끙 앓는 소리와 한숨 소리만 내더니 나중에는 아무 말도 하지 않으셨다. 난 전화가 끊긴 줄 알고 몇 번을 확인했다.

"알았어. 생각해 보자."

엄마의 풀 죽은 목소리. 내가 또 엄마를 죄인으로 만든 건가? 엄마가 감당하기에 너무 큰 숙제를 안겨드린 건가? 하루 종일 마음이 좋지 않았다. 무엇보다 "아버지가 언제까지 병원에 계실지, 그게 몇 년이 될지 모른다."라는 말은 엄마에게 너무 잔인한 말이었다. 희망을 붙잡고 하루하루를 버티는 엄마에게 절망을 보여드린 건 아닌지.

이 말을 엄마가 먼저 꺼내줬으면 좋았을 텐데. 내 입에서 먼저 나오니 나도, 엄마도 더 상처받는 것 아닐까 하는 괜한 생각도 들었다가 그래도 내가 먼저 말을 꺼내길 잘했다는, 아내도 내심 서운하고 힘들었을 텐데 결과를 떠나 중간에서 내 역할이 필요한 타이밍이었다는 생각도 들었다.

아무튼 공은 엄마에게 넘어갔다. 엄마는 며칠을 고민하다 전화를 주셨다. 한 달에 한 번만 오라고. 나머지는 엄마가 감당하겠다고. 결국 엄마는 또 자신이 짐을 더 짊어지는 쪽을 택했다. 결국 한 달에 한 번을 기본으로 상황에 맞게 중간중간 찾아가기로 했다. 마음이 편치는 않았다.

나는 모르고 있었지만 세상에는 계속 비가 내리고 있었다. 다만 내 주변의 누군가가 나도 모르게 우산을 받쳐주고 있었을 뿐이었다.

당신은 지금 편안하게 별일 없이 지내고 있는가. 만일 그렇다면 분명 주변의 누군가가 우산을 들고 있을 게다.

- 정덕현,『드라마 속 대사 한마디가 가슴을 후벼 팔 때가 있다』中 -

엄마는 본인 어깨에 비를 조금 더 맞으며 우산을 나에게 기울였고 난 늘 그렇게 살아왔다. 가족과 웃으며 즐겁게 보낸 오늘, 내 뒤에 우산을 들고 있는 엄마를 기억하자. 엄마, 아버지, 아내, 아이들, 사랑하는 모든 사람을 위해 나도 언제든 우산을 받쳐주는 사람이 되자. 티 나지 않게, 등 뒤에서. 이만 글 마무리하고 엄마한테 전화 한 통 드려야겠다.

[여기서 잠깐] 재활병원, 요양병원, 요양원

재활병원, 요양병원

말 그대로 병원이다. 의사, 간호사, 치료사 등 전문 의료 인력이 상주하며 환자를 돌보는 곳으로 다양한 의료적 검사와 치료가 가능하다. 재활병원과 요양병원의 차이를 구별하기는 사실상 쉽지 않다.

요양원

치료보다는 돌봄의 성격이 강하다. 당장 의료적 치료가 필요한 분들이 아닌 비교적 안정적이고 만성적인 상태를 유지하지만 일상생활에서 타인의 도움이 필요한 분들이 요양원을 선택한다.

즉, 뇌졸중 치료 후 입원 시 재활병원이나 요양병원을 실제 방문하거나 주변 지인, 온라인 카페 등의 후기를 통해 본인 상황에 맞는 좋은 병원을 찾는 것이 좋다. 병원비의 경우 본인부담 상한제가 있어 연 일정 금액(소득에 따라 다름, '24년 기준 소득 하위 10%(1구간): 87만 원, 소득 상위 10%(7구간): 808만 원)을 넘으면 초과 금액을 돌려받으니 3~4개월 이상 입원할 경우 비용 차이는 거의 없다고 볼 수 있다.

구분	재활(요양)병원	요양원
목적	치료, 재활	돌봄, 일상생활 지원
대상	의학적 관리 필요자, 만성질환자, 외상이나 수술 후 재활 필요자	신체적·인지적 기능 떨어져 일상생활에 도움이 필요한 고령자(치매, 중증 질환자) * 65세 이상, 노인장기요양등급 필요 (65세 미만인 경우에도 치매, 파킨슨병, 뇌졸중 등으로 장기요양등급 신청 가능)
서비스	의료·재활·물리치료 등	생활 지원 (식사, 목욕, 이동, 간호 등)
의료인력	의사, 간호사, 치료사 상주	제한적 간호 인력
비용(예시)	상대적 고가 (월 200~300만 원) 진료비(80만 원) : 본인 부담 16만 원 간병비(150만 원) : 본인 부담 150만 원 병실료(120만 원) : 본인 부담 24만 원 소모품, 식사 등 : 본인 부담 30만 원 - 총비용(380만 원) * 본인 부담 220만 원	상대적 저렴 (월 150~250만 원) 1등급(253만 원) : 본인 부담 51만 원 2등급(234만 원) : 본인 부담 47만 원 3~5등급(221만 원) : 본인 부담 44만 원 * 본인 부담률 20% 기준 - 장기요양등급 본인 부담률 확인 필요 * 비급여 100% 본인 부담 * 기초생활수급자는 무료

IV
아버지는 우리의 삶을 쥐고 흔들었다

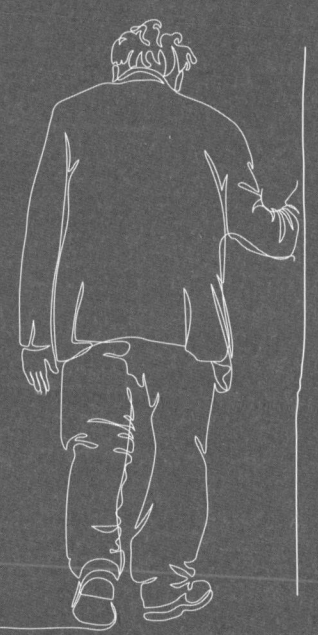

나는 엄마가 강하다고 생각했다
- 잠시뿐인 평화와 행복일지라도

그러므로 내일 일을 위하여 염려하지 말라. 내일 일은 내일이 염려할 것이요 한 날의 괴로움은 그날로 족하니라.

- 마태복음 6장 34절 -

또다시 퇴원, 그리고 바로 입원이다. 목사님, 시라소니 집사님이 먼저 자리를 잡은 장흥 재활병원에 우리도 입원하기로 했다. 아버지도 아는 사람이 있어야 새로운 환경에 빨리 적응할 것 같았고 무엇보다 광주 병원은 바로 앞이 도로라서 마음만 먹으면 택시를 잡아탈 수 있어 아버지가 계속 탈출을 시도하시는 게 골칫거리였는데 장흥 병원은 산골이라 탈출 걱정이 없다는 점이 좋았다.

내 차와 엄마 차 두 대가 움직였다. 엄마는 기름이 없다며 주유소에 들르자고 했다. 광주 병원 앞 셀프 주유소에 도착했는데 어찌 된 일인지 뒤따라온 엄마가 차에서 나오지 않고 쩔쩔매고 있었다.

"어떻게 하는지 몰라. 한 번도 안 해봤어."

지금껏 30년 넘게 운전하면서 셀프 주유 방법을 몰랐다는 게 말이 되나? 엄마는 직원이 넣어주는 주유소만 찾아갔단다. 셀프 주유소가 나오면 그냥 지나쳤다고 했다. 겁나고 무서워서.

난 엄마가 강하다고 생각했다. 실제로 엄마는 강했다. 지금껏 아버지와 살아온 것 자체가 그 증거다. 두 아들을 서울로 보냈다. 아버지 도움 없이. 게다가 아버지가 벌인 사고의 모든 뒷감당까지 혼자 온몸으로 막아낸 분이다. 하지만 엄마도 일흔이 넘었다. 지금 보니 엄마는 강하지 않았다. 여리고 약한 엄마가 그저 견뎌왔던 것이었고 그것을 내가 몰랐을 뿐이었다. 내가 몰랐으니 엄마는 강하고 앞으로도 잘 견디실 거라며 편하게, 쉽게 생각했다.

어떻게 지금까지 버텨왔을까? 저런 엄마에게 지금 떨어진 숙제는 얼마나 크게 다가올까? 얼마나 겁나고 두려울까?

장흥 병원에 도착했다. 이곳에서 다시 완전체가 뭉쳤다. 장흥에서 다시 만난 시라소니 집사님이 날 반겼다.

"우리 민이, 힘들어서 어쩌까? 애들 보고 자파서 어쩌까? 우리 민이가 스타여. 내가 팔만 좀 괜찮으면 엄마도 가뿌라고 하고 내가 아버지 보믄 될 것인디."

아침 병실 예배가 다시 시작됐고 아버지는 새로운 환경에 빨리 적응했다. 이곳 분위기는 광주와는 많이 달랐다. 시골 마을에 온 것처럼 편하고 정겨웠다. 코로나는 다른 세상 이야기인 것처럼 저녁이면 사람들이 복도 로비에 모여 음식을 나눠 먹고 대화를 나눴다(이때까지 장흥은 코로나 확진자가 한 명도 없었다). 시라소니 집사님이 병실에 들어오며 말했다.

"양귀비를 먹었드만 저녁은 못 먹겄구마."

양귀비? 병실 사람들이 깜짝 놀라 쳐다봤다.

"양귀비라? 어디서 누가 양귀비를 줬는디?"

"요 앞에서 아짐들이 주던디?"

"양귀비를 줬다고라~"

"양귀빈가 뭐신가? 달달한 거~"

"양갱?"

"응. 양갱."

아직도 코로나를 '코레라'라고 하는 시라소니 집사님이 그렇게 정겹고 반가울 수 없었다. 이상하게 난 2% 부족한 사람이 좋다.

저녁을 먹은 후 소화도 시킬 겸 아버지를 모시고 복도 로비로 나가니 어르신들이 이미 많이 모여 있었다.

"워매, 이라고 이쁜 아들이 있으까?"

한 할머니께서 나를 보며 말씀하셨다.

"이거시 햇밤이여. 없어서 못 먹어. 학생 더 먹어."

한 할머니가 햇밤을 까주셨고 옆에 계신 할머니는 옥수수를 주셨다.

"학생, 옥수수도 좀 먹어봐."

"학생 맞제? 애기 아빠는 아닐 거 아니여."

할머니들이 나를 둘러싸고 신기하다는 듯 환대해 주시니 마치 내가 시골 마을에 나타난 외국인이라도 된 것 같았다.

"저 결혼해서 아들 둘 있습니다."

"워매, 애기 아빠여? 뭔 일이다냐? 그래도 그냥 학생이라고 하께이?"

우리 대화에 끼진 않았지만 옆에 앉아 계속 관심을 보이던 할아버지께도 할머니는 옥수수를 건네셨다.

"아저씨, 옥수수 잔 먹어봐."

그러자 옆에서 휠체어에 앉아 말없이 미소만 짓고 계시던 할머니가 드디어 입을 열었다.

"우리 집에도 아저씨 하나 있어."

'아저씨' 얘기를 듣더니 집에 계신 남편이 생각나셨나 보다. 귀여운 할머니는 배시시 웃으시며 나에게 뭘 건넸다. 또 먹을 건가 하고 보니 약봉지였다.

"까줘."

어르신들 사이에 있는 잠깐 동안 마치 동화 속에 들어온 듯한 착각이 들었다. 아버지가 야외로 나가 걷자고 하셨다. 요즘 걸음마를 배우기 시작했는데 나에게 자랑하고 싶었나 보다. 나는 아버지를 마주보며 양손을 잡고 탱고를 추듯 조심스레 한 발씩 함께 내디뎠다.

"발을 끌면 안 된다. 걸을 때는 발을 10cm는 들어야 된다. 뒤꿈치를 정확히 딛고 발끝은 가려는 방향을 가리켜야 한다. 알겠냐? 다시 해보자. 한번 해봐라. 군대 갔다 온 사람은 조금만 연습하면 할 수 있을 거다."

아버지는 자신이 배운 그대로, 내게 걷는 법을 가르치고 있었다. 나 역시 웃음을 참으며 진지하게 임했다.

"힘들지? 좀 쉬어라."

아버지는 그것 조금 걷고는 숨을 헐떡였고 이마엔 땀이 흥건했다.

"무릎 잡고 일어나기 한번 해봐라. 자리에서 일어날 때는 무릎을 누르면서 일어나면 된다. 너 오늘 엄청 피곤할 건디? 솔직히 무진장 힘들지?"

아버지는 아무나 할 수 없는 걸 본인이라서 해내고 있다고 생각했는데 '걷기'와 '앉았다 일어나기'를 쉽게 해내는 아들을 보며 적잖이 놀란 눈치였다. 우린 잠시 쉬었다 다시 걷기 시작했다.

"엄마는 지금 걷고 싶어서 어쩌까? 나랑 손잡고 걷는 걸 제일 좋아하는데. 엄마한테 전화해 봐라."

자기만의 세상 속에 살고 있는 아버지가 제일 속 편하겠다 싶었다.

"이따 엄마한테 전화 또 드려라. 엄마는 니 목소리 듣는 거 좋아하신다. 그러면 편안히 주무실 거다."

좋은 순간에 엄마를 떠올리고 엄마를 생각하는 아버지를 보니 한결 마음이 놓였다. 장흥으로 병원을 옮긴 후 아버지가 많이 안정된 것 같아 다행이다. 아버지도 이곳을 마음에 들어 하는 것 같았다.

"시골 사람들이라고 무시하면 안 된다. 여기 계신 분들 다들 점잖고 특히 남자 어르신들을 보면 신선 같다. 나이 든 사람들한테 배울 게 많아."

이 평화가 얼마나 갈지 모르겠지만 늘 걱정과 긴장 속에 사시는 엄마가 이 시기만큼은 마음껏 누리셨으면 좋겠다. 잠시뿐인 평화와 행복일지라도.

오늘 아버지 웃음의 이유가 나였다면
- 내 인생 최고의 강의, 최고의 수강생

삶을 깊이 있고 윤택하게 만들어 주는 요소들은 우리가 마음을 쏟기만 한다면 우리의 주변 어디에나 숨어 있다.

- 황현산, 『밤이 선생이다』 中 -

"워매, 얼굴 좋아지셨네. 이제 퇴원해도 되겠는디?"
"이제 곧 명절인디 집에 가시겠네?"
병원 사람들의 덕담이 엄마에겐 곤욕이었다. 아버지는 사람들의 말에 더 기고만장해져 이제 다 나았다, 곧 퇴원할 거라며 큰소리를 쳤다. 아직 대소변도 혼자 처리 못 하는 아버지는 본인 상황을 전혀 인식하지 못했다. 집에 가면 엄마가 먼저 쓰러질 판이었다. 좁은 집에서 아버지를 눕히고 일으키는 일, 세끼 밥을 챙기는 것도 문제지만 아버지를 두고 잠시도 자리를 비울 수 없는 데다 무엇보다 언제든 탈출할 틈만 노리는 아버지와 실랑이를 벌일 일은 상상만으로도 끔찍했다. 명절 연휴에 퇴원이나 외박하는 환자가 많아 병실이 썰렁해져 아버지도 헛바람이 들었다.

"나가자."

올 게 온 것인가?

"성묘 가자. 내년에 선거 나갈 놈이 성묘도 드리고 고향 어른들께 인사도 드려야지."

아… 또 선거 이야기…

아버지는 간호사에게 대뜸 외박을 신청했다. 하지만 외박을 거부 당한 아버지는 곧장 탈출을 시도했다. 1층 로비로 가잔다. 난 감정 싸움이 싫어 하자는 대로 해드렸다. 출입문 반대편으로 가자는 아버지께 거긴 아무것도 없다고 말했지만 아버지 특유의 반대를 위한 반대, 똥고집 시위가 시작됐다. 닫힌 문을 흔들어 보고 막다른 길로도 가보고 한참을 헛수고하고야 지쳐서 의자에 앉았다.

"엄마 어디 갔냐?"

"엄마는 집에 계시죠."

"방금 옆에 있었는데 무슨 소리냐? 이제 나를 미친놈 취급하네."

아버지와 정상적인 대화가 불가능해 보였다. 이런 인지력으로 무슨 퇴원이란 말인가? 아버지는 화를 삭이지 못했다. 저녁 식사, 운동, 이발, 목욕을 모두 거부한 채 침상에 계속 누워만 있던 아버지는 잠꼬대인지 혼잣말인지 모를 말을 중얼거렸다.

"알지도 못하는 놈들이 뭘 안다고 까불고 있어!"

한숨도 못 잤는데 날이 밝았다. 아버지가 밤새 뒤척인 탓도 있지만 내 속에 화가 끓고 있어서, 머릿속이 복잡해서 잠들지 못했다. 난 왜 화가 끓어오르는 것일까? 내 마음을 가라앉혀야 했다.

아버지가 선거에 나간다고 할 때마다 엄마와 난 아버지의 다른 망상에 비해 훨씬 더 큰 스트레스를 받았다. 사실 따지고 보면 아버지의 뜻대로 될 가능성은 제로에 가깝다. 그냥 '허황된 꿈을 꾸시는구나' 정도로 받아들이면 될 일을 필요 이상 감정적으로 받아들이는 것 같았다. 과거의 경험이, 힘들었던 기억이 지금까지도 영향을 미치고 있었다. 아버지의 정치, 선거 욕심 때문에 우리가 얼마나 고생했는지 알기에 허황된 망상임에도 우리가 느끼는 위협과 아버지에 대한 미움은 다른 어떤 것에도 비할 바가 아니었다.

그저 망상의 하나라고, 실현 가능성 없는, 전혀 날 위협할 수 없는 일이라고 생각하며 웃어넘기자(물론 그 과정에서 엄청 시달리겠지만…). 필요 이상으로 내가 나를 괴롭히지는 말자. 병원은 온갖 잡생각을 내려놓는 마음 수양을 하기에 적합한 장소다. 이러다 득도를 할 수도 있을 것 같았다.

아침부터 또 히스테리가 시작됐다. 양말 신겨라, 바지 입혀라, 집에 가야겠다…

"의사도, 주변에서도 내가 우울증인 것 같다고 했을 때 난 말도 안 된다고 생각했다. 난 우울증과는 거리가 먼 사람이라고 생각했다. 그런데 지금은 이게 우울증인가 싶다. 이렇게 갇혀서 내 말은 다 부정당하고, 여기서 이렇게 계속 살아야 된다고 생각하니 차라리 죽는 게 낫겠다 싶다. 하루를 살아도 집에서 맘 편히 살고 싶다. 엄마도 잘못하는 부분이 있다. 내가 하는 건 다 안 된다고 하고 아니라고 한다. 밤에 소변이라도 보려면 자는 엄마를 깨워야 한다. 이게 사는 거냐? 내 맘대로 할 수 있는 게 없다."

아버지 심정이 이해됐다. 물론 엄마의 심정은 더더욱 이해됐다. 이참에 아버지와 터놓고 대화를 해보는 게 좋을 것 같다는 생각이 들었다.

아버지는 뇌를 다친 분이다. 모두가 아니라고 할 때는 이유가 있는 것이다. 뇌에서 오류가 발생했을 수도 있다는 점을, 내가 틀릴 수도 있겠다는 점을 받아들이셔야 일상생활이 가능하다고 말씀드렸다. 아버지는 본인이 틀린 게 뭐냐며 따졌다.

"예전에 비하면 많이 좋아지셨지만 아직도 몇 가지 착각하시는 게 있어요. 아버지는 몇억을 잃어버렸다고 하시는데 계좌 모두 확인해드렸잖아요. 말씀드릴 건 많지만 절대 믿지 못하실 테니 더 말씀 안 드릴게요(판도라의 상자인 정치 이야기는 접어두는 게 좋을 것 같았다). 그런 말씀 꺼내실 때마다 걱정 많은 엄마는 가슴이 덜컹 내려앉고 주변 사람들은 아버지를 진짜 환자 취급을 하는 겁니다. 아버지 스스로 인정하셔야 됩니다. 퇴원이 능사가 아니에요. 아버지는 쉽게 말씀하시지만 솔직히 퇴원 이후가 더 걱정입니다. 지금 여기에서도 누굴 만나야 된다, 나가겠다고 하시는 아버지인데 주변에 아무도 도와줄 사람 없는 상황에서 엄마가 어떻게 마음을 놓으시겠어요. 아버지가 택시라도 잡아타고 나가시는 날엔 끝입니다. 경찰 연락을 기다리는 수밖에는…"

아버지의 반박, 나의 반박이 이어졌다. 이렇게 되면 아버지의 닫힌 마음을 열 수 없을 것 같았다. 논쟁보다는 설득이 필요한 시점이었다. 나는 화제를 전환했다.

"아버지, 옆방에 귀여운 할머니 아시죠? 제가 식판 반납하러 갔더니 그 할머니께서 여사님 식판 정리하는 걸 도와주고 계시더라구요. 여사님께서 할머니께 '감사합니다' 하시니 할머니는 '제가 감사합니다'라고 답하시는 거예요. 같이 걸어오면서 제가 여쭤봤어요. '할머니는 뭐가 감사하세요?' 그 귀여운 할머니께서 웃으며 말씀하시더라구요. '매일 밥 갖다주시는 게 얼마나 고마워. 저분 덕분에 우리가 밥 잘 먹으니 고맙지' 여기서 느낄 수 있는 감동, 기쁨, 슬픔이 있더라구요. 처음엔 병실에서 무슨 그런 게 있겠나 싶었는데 지내보니 이곳에서의 삶과 이곳만의 세상이 있었어요. 밖에서 저도 눈 뜨면 출근해서 일하고, 퇴근하면 다시 숙소 가서 자는 것의 반복이에요. 오히려 병원에 와서 느끼는 게 더 많기도 해요. 어디에서나 인생은 계속되고 삶의 의미도, 행복도 계속되는 것 같아요. 내가 꼭 어떤 것을 이뤄야, 어떤 상태에 이르러야 얻을 수 있는 게 아니라 어디에든 행복이 있다는 사실을 여기 와서 많이 느껴요."

진부한 말이었지만 진심이었고, 지금 아버지께 꼭 드리고 싶은 말이었다. 다행히도 아버지는 침상에 누워 조용히 내 말을 듣고 있었.

"아버지가 처음 쓰러지신 날, 그때 쓴 일기를 나시 봤어요. 아버지의 모든 기억, 능력이 사라지더라도 감동받는 능력만은 남아 있길 기도한다고. 다행히도 아버지는 꽃, 시, 누군가의 말에도 감동받으셨고 어떤 상황에도 유머러스하셨어요. 참 감사했습니다. 저는 그게 진짜 아버지라고 생각해요. 여기에서 무슨 감동이 있고 재미가 있고 행복이 있냐고요? 아버지는 그걸 찾아낼 수 있는 분입니다. 제가 만약 아버지라면, 또 엄마라면 이곳에서 귀여운 할머니와 더 많이 대화 나누며 할머니의 삶과 생각에 대해 더 듣고, 그걸 글로 써서 많은 사람과 공유하고 싶어요. 지금 상황이 힘들고 괴로울 수 있지만 이 특별한 경험과 생각이 많은 사람에게 의미 있게 다가갈 거라 믿습니다. 삶에서 의미 없는 순간은 없는 것 같아요. 아버지는 누구보다도 그 의미를, 감동을 잘 캐치하실 분입니다. 이곳에서, 이 시기에 겪으신 일들을 멋지게 재탄생시키실 거라 믿습니다."

긴 시간 동안 나는 무엇에 홀린 듯 열정을 다해 말씀드렸고, 아버지는 생각에 잠기신 듯했다. 아버지는 내 말을 얼마나 알아들으셨을까? 내가 드리고 싶었던 말들을 다 하고 나니 마음은 후련했다.

어느덧 엄마가 교대하러 오실 시간이 되었다. 광주에서 장흥까지 오는 건 보통 일이 아니다. 택시를 타고 광주 터미널로 가서 시외버스를 타고 장흥 터미널로, 다시 차를 타고 병원으로 와야 하는 긴 여정이다. 그래도 우리가 광주보다 장흥을 선호하는 이유는 오로지 아버지였다. 우리의 불편 따위는 아버지 마음 안정에 비한다면 애초에 비교 대상이 아니었다. 외출을 달고 아버지와 터미널에 엄마를 마중 나간 김에 밖에서 함께 저녁 식사를 했다.

아버지는 어느 때보다도 농담을 많이 했고 많이 웃었고 기분이 좋아 보였다. 주변 사람들은 휠체어를 타고 온 환자와 가족이 뭐 저리 웃을 일이 많을까 호기심 어린 시선으로 우릴 힐끔힐끔 쳐다봤다.

10년 전쯤, 나에게 꿈이 생겼다며 강사가 될 거라고 했을 때 "니가 무슨 강사냐." 면박을 주던 아버지의 모습이 떠올랐다. 아버지는 오늘 내 말을 듣고 어떤 생각을 하셨을까? 장황했던 내 말 중 한 문장이라도 아버지의 뇌리에 박혔기를. 오늘 아버지가 보여준 그 많은 농담과 웃음의 이유가 나였기를. 그렇다면 아마도 오늘이 내 인생 최고의 강의를 한 날이고, 아버지는 내 인생 최고의 수강생일 것이다. 아버지, 어떻습니까? 저 강사 해도 될까요?

엄마의 교통사고, 그 와중에도 엄마는…
- "치매 검사를 받아보시는 게…"

엄마, 이름만 불러도 왜 이렇게 가슴이 아프죠?

모든 걸 주고 더 주지 못해 아쉬워하는 당신께

난 무엇을 드려야 할지

엄마, 나의 어머니. 왜 이렇게 눈물이 나죠?

가장 소중한 누구보다 아름다운

당신은 나의, 나의 어머니

- 라디, 「엄마」 中 -

"이번 생일은 진짜 다시 태어난 생일이다. 하나님이 날 살려주셨어."
엄마 생신날 아침. 생신 축하 전화를 드리며 안부를 여쭸다. 엄마는 어제 큰일이 있었다고 했다.

"또 아버지가 무슨 사고 치셨어요?"

그 이상이었다. 엄마는 어제 덤프와 충돌해 차를 폐차시켜야 할 정도로 큰 교통사고가 났다고 했다. 에어백과 안전벨트가 엄마를 살렸다고, 큰 외상은 없으니 걱정 말라고 했다. 엄마는 아버지 옆에 입원해 환자 겸 보호자로 계신다고 했다. 진짜 괜찮으신 거냐 수차례 물었지만 엄마는 괜찮으니 걱정 말고 일하라고, 괜히 먼 길 오느라 수고하지 말라고 했다.

평소 외가 쪽은 엄살과 과장이 심하다 보니 이번 엄마 말씀에도 과장이 있겠거니 어느 정도 감안하고 들었다. 또 엄마가 괜찮다고 하니 난 그저 그런 줄로만, 다행이라고만 생각했다.

아버지는 입이 짧아 병원 밥이 맛없다며 밥을 잘 안 드셨다. 엄마는 아버지가 식빵에 잼 발라 드시는 걸 좋아한다며 빵을 사러 차를 타고 시내로 나가는 길이었다. 엄마가 자리를 비울 수 있는 시간은 아버지가 재활치료를 받는 시간뿐이었다. 마음이 급했고 바뀐 신호를 보지 못했다. 엄마 차는 교차로에서 나온 덤프트럭과 그대로 충돌했다.

"몰라. 모르겠어. 기억이 안 나."

엄마는 그때의 상황을 잘 기억하지 못했고 소식을 들은 외삼촌이 경찰서에 가서 블랙박스를 보고야 상황을 파악할 수 있었다. 외할머니, 외삼촌께 차례로 연락이 왔다.

"엄마 사고 난 거 연락받았냐?"

"네. 엄마랑 통화했어요. 괜찮다고 걱정 말라고 하시던데요?"

"괜찮을 리가 있겠냐? 엄마가 살아난 건 기적이어야."

외삼촌이 사진 한 장을 보냈다. 엄마 차는 차체 앞 절반이 다 구겨져 형체를 알아보기 힘들었다. 이번엔 엄살이 아니었다. 오히려 반대였다. 이 정도 사고면 엄마가 괜찮을 리 없었다. 난 바로 휴가를 내고 병원으로 향했다.

오후 3시경 병원에 도착했다. 엄마는 바쁜데 왜 왔냐면서도 아직도 긴장한 채 덜덜 떨며 내 손을 놓지 못했다. 엄마 얼굴을 보니 마음이 놓였다. 오길 잘했다. 정말 오길 잘했다.

사고 당시 엄마는 정신이 없었고 차가 구겨져 차 문도 열리지 않았다. 주변 사람들이 문을 열어 엄마를 꺼내주었다. 119 구급대와 경찰이 도착했고 엄마를 인근 병원으로 옮기려 했다. 하지만 엄마는 그 상황에서도 아버지를 생각했다.

"저 간병해야 돼요. 돌봐야 할 사람이 있어요. 저기 병원으로 가야 돼요."

구급대원은 엄마에게 그게 무슨 소리냐며, 횡설수설하며 구급차에 타지 않는 엄마를 보고 정신이 나간 게 아닌지 의심했다. 상황을 파악한 구급대원은 아버지가 있는 병원에서도 교통사고 환자 입원이 가능하다는 것을 확인하고 엄마를 그 병원으로 모셨다.

엄마는 그런 큰일을 겪고도 자식들에게 알리지 않았다. 자식들 걱정할까 봐. 그게 엄마였다. 남편 걱정, 자식 걱정에 정작 본인은 뒷전인…

엄마는 여러 검사를 받았고 의사 선생님께 검사 결과를 들으러 오라는 연락을 받은 상태였다.

"무서워. 못 가겠어."

엄마는 아이처럼 내 손을 꼭 잡고 떨고 있었다. 나는 엄마 손을 잡고 진찰실에 들어갔다. 엄마는 경찰서에 잡혀 온 사람처럼 고개를 푹 숙이고 있었다.

"CT상으로 볼 때 뇌출혈도 없고 큰 부상은 없는 것 같습니다. 천만다행이네요."

엄마는 그제야 한숨을 내쉬었다.

"그런데 뇌 CT를 보니 뇌 퇴화가 진행되고 있습니다. 치매 검사를 받아보시는 게 좋을 것 같네요."

의사 입장에서는 혹시 모르니 검사를 받아보고 약으로 퇴화 속도를 늦출 수 있다는 가벼운 조언을 한 정도였겠지만 받아들이는 입장에서 '치매'라는 단어는 전혀 가볍지 않은 단어였다. 그것도 지금 우리 상황에서는.

엄마는 연신 고개를 조아리며 의사실을 나왔다.

"어? 내 핸드폰 어디 갔지? 내 정신 좀 봐라."

엄마는 진찰실에 두고 온 핸드폰을 가지러 갔다. 평소 같으면 '깜빡하셨겠거니' 생각할 일이었지만 내 머릿속엔 '치매'라는 단어가 먼저 떠올랐다.

벌써 아버지 재활치료가 끝날 시간이 되었다. 빨리 올라가서 아버지를 인계받아야 했다. 오늘따라 아버지 얼굴이 전혀 반갑지 않았.

'그냥 나오는 병원 밥 잘 드셨으면 이런 일도 없었을 텐데 왜…'

아버지를 탓하는 마음이 자꾸 올라왔지만 아버지라고 이럴 줄 알았겠는가.

"어이, 커피 한 잔 주소."

엄마는 믹스커피를 뜯어 정수기 물을 받았다.

"워매, 내 정신 좀 봐야. 미쳤는갑네."

엄마는 정수기에서 찬물을 받고 있었다.

"엄마, 앉아서 쉬세요. 지금 정신이 없으셔서 그래요."

연속으로 반복된 엄마의 실수. 평소와 다르게 와닿았다. 엄마가 진짜 치매면 어떡하지? 아버지 간병하느라 1년 내내 병원에 갇혀 운동도 못하고 아버지 뒤치다꺼리만 하다가 이렇게 된 거 아니야? 엄마의 치매(아직 검사도 받지 않았지만)마저도 아버지 때문이라는 생각이 들며 다시 한번 아버지에 대한 원망이 싹트기 시작했다. 큰 교통사고를 겪고도 회복은커녕 아버지 간병이 먼저인 엄마에게 계속 뭔가를 요구하고 면박을 주고 힘들게 하는 아버지를 보며 어쩜 저럴 수가 있는 건지 아버지에 대한 원망은 더욱 커졌다.

우린 외출을 얻고 밖으로 나가 저녁을 먹었다. 엄마 생신날 이렇게 기적처럼 모여 식사하게 되는구나. 엄마의 환생을 진심으로 축하드렸다.

"하나님이 나한테 한 번의 기회를 더 주신 것 같다. 남은 생은 좋은 생각, 좋은 일 하면서 살고 싶다."

"엄마는 지금까지 그렇게 사셨어요."

병원에서는 보호자 한 명만 병실에 같이 묵을 수 있는데 두 분이 모두 환자가 된 지금은 내가 보호자 자격으로 함께 하루를 보낼 수 있었다. 우리 셋이 한 방에 누워본 게 얼마 만인가? 이젠 내가 부모님 두 분 모두의 보호자가 되었구나. 엄마가 잘못되셨으면 어떻게 됐을까? 그땐 내가 휴직해야 할까? 그럼 병원비는 어떡하지? 엄마가 치매라면? 나는 고개를 저으며 생각을 털어냈다. 일어나지도 않은 일 생각하면 뭐 하나. 그냥 오늘 숙제만 생각하며 살자.

다음 날 병원을 나서는 내게 엄마가 말했다.

"병실 사람들이 우리 민이 칭찬을 많이 하시더라. 민이는 엄마의 훈장이야."

난 이번에 아무것도 한 게 없는데. 그저 먹고 자고 얼굴 보인 것밖에 없는데. 엄마는 그것만으로도 큰 힘을 얻은 것 같았다. 우린 서로에게 그런 존재인 것 같다. 건강하게 잘 지내만 줘도 감사하고 힘이 되는… 그게 가족인가 보다.

"여보, 진짜 괜찮은 거지?"

- 난 진짜 괜찮은 걸까?

인생이 내 뜻대로 흘러가지 않아도 인생은 소중하다.

- 매트 헤이그, 『미드나잇 라이브러리』中 -

악몽 같은 밤이었다. 아버지의 히스테리는 극에 달했고 내 인내심은 점점 바닥나기 시작했다. 내가 이 정도인데 엄마는 얼마나 힘드실까?

아버지는 지금껏 계시던 장흥 병원에서 퇴원했다. 그동안 정들었던 환자와 가족들, 재활치료사님들과 길고 긴 작별 인사를 나누고 기분 좋게 헤어졌다. 문제는 다음이었다. 아버지는 이제 병원 생활을 졸업하는 줄, 집으로 돌아가는 줄 알았던 거다. 하지만 곧장 광주에 있는 재활병원에 다시 입원하자 아버지의 꿈은 무너졌고 분노는 폭발했다.

집밥을 먹지 병원 밥은 다시는 먹지 않겠다며 버텼고, 저녁이 되자 집에 가겠다며 고집을 부렸다. 아버지 마음은 알겠지만 회복해서 퇴원하면 얼마든지 자유롭게 살 수 있다고 설득해도 통할 리 없었다. 오히려 아버지를 자극할 뿐이었다.

"엄마는 왜 나를 집에 못 가게 하는 거냐! 딴 놈이랑 같이 사냐? 이렇게 개처럼 살다 죽을 순 없다. 개도 이렇게는 안 산다. 나도 참을 만큼 참았다. 죽어도 좋다. 죽더라도 집에서 죽을 거다. 아니면 여기서 뛰어내려 죽을 거다. 내가 사람을 죽였냐, 돈을 달라고 했냐. 내 집에 내가 가겠다는데 왜 그걸 못 들어주냐!"

이러시면 모두가 힘들어진다고, 힘들지만 조금만 힘내보자고 했지만 아버지는 힘들 게 뭐가 있냐고, 내가 다 알아서 할 거라며 고집을 부렸다. 자꾸 탈출하려는 아버지를 어찌지 못해 간호사에게 도움을 청해도 봤지만 간호사가 해줄 수 있는 건 없었다. 언제나 그랬듯 결국 가족이 온몸으로 견디는 수밖엔 다른 방법이 없었다.

더 큰 문제는 이 병원은 응급실이 있어 24시간 후문이 개방되어 있다는 것이었다. 마음만 먹으면 언제든지 나갈 수 있는 상황이었다. 아버지는 무조건 택시를 타겠다고, 죽어도 길에서 죽겠다며 저항했다.

최대한 아버지의 뜻에 따랐다. 가자는 대로, 하자는 대로. 밤새 여기저기 뺑뺑이를 돌았다. 아버지는 모든 문과 닫힌 셔터를 흔들어 대며 나갈 구멍을 찾고 사람을 찾았다. 아버지가 편측무시가 있어 왼쪽을 못 본다는 게 이럴 땐 다행이었다. 아버지는 지쳤고 결국 1층 로비 의사에 앉았다. 1층 로비엔 응급실 환자가 뜨문뜨문 오갔다. 그중 한 사람이 병원 직원에게 물었다.

"어디로 나가요?"

"저기 후문으로 나가시면 돼요."

아뿔싸. 그 말을 들은 아버지가 벌떡 일어났다.

"가자! 저기로 가면 나갈 수 있단다."

"응급환자들만 다닐 수 있는 문이 있는 것 같은데 일반인 통행은 안 돼요."

난 대충 둘러대고 아버지 눈에 후문이 보이지 않도록 몸으로 가리며 다른 길로 유도했다. 한참을 돌다 지친 아버지는 병실로 가자고 하셨다. 휴… 다행이다. 오늘 밤은 여기서 종료인 건가? 아버지는 휴게실에서 옆 환자에게 물었다.

"여기는 문이 다 닫혔던데 언제 나갈 수 있어요?"

"여기는 아무 때나 후문으로 나가면 돼요."

아… 또 망했다. 나는 뒤에서 손동작을 써가며 다급하게 신호를 보냈다. 다행히 그분은 눈치를 채고 지금은 못 나가고 내일 아침에 나갈 수 있다며 황급히 둘러댔고 민망했는지 얼른 자리를 떴다. 아버지는 자정이 넘은 시간에 엄마에게 전화를 걸었다.

"나 곧 집에 도착하니까 전기장판 틀어놓으소."

엄마는 이게 무슨 일인가 덜컥 겁도 나고 아들이 얼마나 고생하고 있을지 그려져 울먹이며 전화하셨다.

"왜 착한 민이한테 이런 일이 생기는지… 아버지는 대체 왜 저러시는지 모르겠다."

이 긴 터널의 끝은 어디일까? 해피엔딩은 뭘까? 아버지가 기적처럼 회복해 집으로 돌아가시든, 아니면… 아니면… 어떤 식으로든 이 고통의 시간이 빨리 끝나기만을 바랐다.

밤새도록 '제발…'을 되뇌다 날이 밝았지만 아침부터 아버지의 '나가자' 타령은 다시 시작됐다. 아버지가 좋아하는 커피도 사드리고 아이들 이야기로 최대한 시간을 끌며 관심을 돌리려 노력했다. 아이들 얼굴이라도 보면 기분 전환이 될까 싶어 영상통화를 걸었다.

"지금 게임 중인데 이 판 끝나고 전화할게요."

아… 이놈들… 도움이 안 되네.

1분이 한 시간처럼 느껴졌다. 시간을 끌며 애가 타던 순간 애들에게 다시 전화가 걸려왔다. 이 녀석들, 그래도 의리는 있네.

"할아버지, 안녕하세요!"

딱 거기까지였다. 인사 이후 정적이 흘렀다. 하긴 애들이 무슨 할 말이 있겠나. 애들이 사회생활을 해본 것도 아니고. 애들한테 기댄 내가 잘못이지.

어떻게든 열린 문을 보이지 않게 디펜스하고 다른 길로 유도하며 아버지가 지칠 때까지 버티다 다시 병실로 들어갔다. 매 순간이 살얼음판이었다. 나야 이렇게라도 모면한다지만 엄마는? 언제까지 이런 식으로 버틸 수 있을까?

"민아, 미안한데 귤 하나 줄 수 있냐?"

이게 아버지의 인성인데… 아버지가 이렇게 정상적인 상황을 보일 때면 미안한 마음이 밀려온다. 자식이란 놈이 아버지가 돌아가셔야 이 모든 상황이 끝날 거란 생각이나 하고 있으니…

엄마에게 연락하니 마트에 가는 중이린디. 아버지가 좋아하는 고등어 사러. 이 상황에서도 엄마는 아버지밖에 몰랐다. 아버지의 회복에 인생을 올인한 엄마, 그런 불쌍한 딸을 안타깝게 바라보는 외할머니. 여기저기서 저마다의 애환이 느껴진다.

병실에 쪼그려 앉아 내가 썼던 글들을 다시 읽어보았다. 글을 쓰는 내내, 그 글을 읽는 지금도 궁금했다. 내 글의 결말은 무엇일까? 결말이 있긴 한 걸까?
1년 전엔 그때가 최악이었고 지금은 지금대로 새로운 최악을 맞고 있다. 모든 것이 해결되고 아무 걱정 없는 순간이 있을까? 시련은 형태를 바꿔가며 계속 나타날 것이고 그걸 마주하는 내가 있을 뿐이다. 고통을 피할 수는 없다. 다만 어떻게 받아들일 것이냐의 문제다.

악몽 같은 3일이 지났고 엄마와 교대하는 날이다. 버텨낸 나 스스로가 자랑스럽기까지 했다. 하지만 이제 엄마가 감당할 차례라 생각하니 다시 마음이 무거워졌다. 아버지의 강력한 저항에 이젠 퇴원을 생각하지 않을 수 없는 상황이 된 것 같다. 이렇게 버틸 수도, 마냥 퇴원할 수도 없는 상황. 최선은 무엇일까?
내가 생각한 최선은 두 분 모두를 설득하는 것. 엄마에겐 집 간병의 가능성을, 아버지에겐 퇴원의 가능성을 보여드리고 서로에게 마음의 준비를 시켜드려야 했다. 이 최악의 상황 그대로 엄마에게 바통을 넘겨드릴 순 없었다. 내가 어느 정도 수습을 하고 떠나야 했다.

아버지가 누워서 화를 삭이는 동안 노트에 아버지께 드릴 말씀을 적었다. 여기서 잘못되면 안 된다, 나에게 엄마의 운명이 달려 있다는 각오로.

"아버지, 드릴 말씀이 있습니다. 잠깐 나가시죠."

아버지와 1층 로비에서 긴 대화를 나눴다. 아버지가 어디까지 알아들으셨는지는 알 수 없다. 다만 내가 할 수 있는 최선을 다했을 뿐이다. 이젠 운명에 맡겨야 했다.

다시 숙소로 복귀하는 길. 아내에게 전화를 걸었다. 아내는 대충의 사정을 듣더니 괜찮냐고 물었다.

"그럼. 잘하고 왔지. 이 상황에서 나만큼 잘할 사람은 없을 거야."

잠시 후 아내가 다시 물었다.

"여보, 진짜 괜찮은 거지?"

골치 아픈 생각은 쉽게 스위치를 꺼버리고 고민의 끈은 의식적으로 끊어버리는 나. 나를 누구보다도 잘 아는 아내가 다시 물은 것이다. 진짜 괜찮은 거 맞냐고. 순간 멍해졌다.

'난 진짜 괜찮은 걸까?'

운전하며 가는 긴 시간 동안 내 마음을 살폈다.

결론은… 난 진짜로 괜찮다는 것. 내겐 이렇게 나를 알아주고 진심으로 걱정해 주는 아내가 있고 언제든 마음을 나눌 친구들이 있다. 나를 괜찮은 사람으로 만들어 주는 고마운 사람들 덕분에 나는 정말로 괜찮다.

아버지와 함께한 5일간의 모험
– 엄마에게 필요한 건 답이 아니었다

너는 잊으면 안 돼.
네가 길들인 것에 너는 언제까지나 책임이 있어.

– 생텍쥐페리,『어린 왕자』中 –

정신없이 바쁜 하루였다. 회사 일은 회사 일대로 바빴고, 틈틈이 아버지 입원 치료 관련, 엄마 교통사고 관련 보험금 청구 일을 처리했다. 하지만 정작 나를 괴롭힌 건 그게 아니었다. 아버지 때문에 죽겠다는 엄마의 전화였다. 내 설득이 전혀 효과가 없었던 것 같다.

아버지는 또 엄마를 비난하고 당장 퇴원시키라고 겁박했다. 택시 회사에 가야 한다, 당사에 가야 한다는 망상에서 비롯된 히스테리를 부렸고 죽게 내버려두라고, 뛰어내리겠다며 통제 불능 상태를 보이고 있었다.

엄마의 목소리는 평소와 달랐고 엄마는 중간중간 가쁜 숨을 몰아쉬며 호흡곤란 증세를 보였다. 이러다 엄마가 곧 쓰러지는 건 아닐지 걱정될 정도였다.

이럴 때마다 멀리 있는 내가 슈퍼맨처럼 나타나 해결해 드릴 수도 없는 노릇이었다. 엄마를 백번 이해하고 공감하면서도, 엄마가 너무나 불쌍하면서도 엄마의 힘들어하는 목소리를 듣는 것이 내겐 점점 스트레스로 다가왔다. 답답한 마음에 엄마에게 내 생각을 마구 쏟아냈다.

간병인을 쓰자고, 그래야 아버지가 엄마 소중한 걸 안다고, 간병인이 두 손 들고 나오면 그때 생각하자고, 엄마도 잠시나마 아버지를 벗어나야 한다고, 엄마도 아버지와 대등한 관계를 유지해야 한다고, 그래야 엄마가 산다고…

"그건 절대 안 된다. 엄마 안 죽어."

내가 내놓는 그 어떤 대안도 엄마는 거부했고 결국 그냥 엄마가 버티겠다는 도돌이표였다. 그러면 도대체 나보고 어쩌라는 건가. 나한테 전화하신 이유가 뭔가. 교대한 지 하루 만에 다시 아들에게 전화해 SOS를 치는 엄마가 내게 원하는 게 뭐란 말인가.

아버지에 대한 원망이 이제는 엄마에게까지 번져갔다. 그럴수록 이러는 내가 싫어졌다. 엄마가 무슨 죄라고. 내가 무슨 자격으로. 내기 힘들면 얼마나 힘들다고…

불쌍한 엄마를 생각할수록 내 생각은 패륜으로 치달았다. 말로도 행동으로도 옮기지 못할 상상을 하며 나는 괴물이 되어가고 있었다. 아버지가 돌아가시면 엄마가 더 고생할 일도 없을 텐데. 그러면 엄마랑 놀러도 다니고 행복하게 해드릴 수 있을 텐데…

　퇴근 후 동기들과 술 한잔 기울이며 자연스럽게 아버지 이야기가 나왔다. 고통을 끝낼 다른 방법이 도저히 보이지 않는다고, 빨리 돌아가시는 것밖에 답이 없는 것 같다는 말까지 서슴없이 입 밖으로 내뱉었다.

　내가 이런 생각을 한다는 걸 부모님이 아실까? 정작 부모님은 내가 병원에 갈 때마다 아들이 자랑스러워 어쩔 줄 몰라 하시는데. 병실 사람들이 입을 모아 내 칭찬을 한다며, 나 같은 효자를 둬서 부러워한다며 어깨를 펴시는데. 나보다 백배 천배 힘드실 엄마는 아버지의 모든 요구를 다 받아내며 아버지의 회복만을 바라고 계시는데. 내가 뭐 얼마나 했다고, 뭐 얼마나 힘들다고 아버지를 팔며 감성팔이를 하고 다니는가.

　부모님이 그토록 자랑스러워하는 아들이 불효와 패륜으로 가득 찬 나쁜 놈이란 걸 알게 된다면 부모님은 마음이 어떨까? 한번 뱉은 말은 주워 담을 수 없고 내가 뿌린 말들은 제멋대로 자라날 텐데. 난 여기저기 미움과 분노의 씨앗만 뿌려대고 있고 그 나무는 언젠가 나를 잡아먹을 텐데…

　결국 아버지를 퇴원시키기로 했다. 엄마와 나는 절충안을 찾았다. 아버지도 답답해서 저러시는 거니 집에서 며칠 쉬면서 만나고 싶은 사람 다 만나고, 하고 싶은 것 다 하게 해드리자고. 그러면 아버지도 괜찮아지실 거라고. 그다음 아버지께 다시 입원을 설득해 보자고.

나는 가족 중흥의 역사적 사명을 띤 채, 5일간의 장기 휴가를 냈다. 병원에 아침 일찍 도착해 퇴원 수속을 밟았다. 1년 만의 외출. 긴장되는 모험이 시작됐다.

"아버지, 가고 싶은 곳 있으면 다 말씀하세요. 그동안 만나고 싶었던 분들 다 만나시고요."

아버지가 맨 처음 가자고 한 곳은 입원 전까지 일하던 택시회사였다. 말로만 듣던 택시회사를 이렇게 오게 될 줄이야. 사람보다 개가 먼저 아는 체를 했다. 아버지가 말씀하셨던 개가 너였구나. 아버지만 보면 그렇게 꼬리를 흔들며 좋아했다는, 파란불에만 길을 건넌다는, 사람보다 낫다는 녀석이. 하지만 녀석도 아버지의 달라진 모습이 낯설었는지 전혀 반기지 않았다. 아슬아슬한 길을 겨우 한 발짝씩 걷는 아버지를, 개도 사람도 불안한 눈으로 쳐다보고 있었다.

아버지는 부장님과 단둘이 나눌 얘기가 있다며 나에게 집에 먼저 들어가라고 했다. 엄마한테 새어나가면 안 될 이야기가 있다고. 아마도 망상 속 잃어버린 개인택시의 행방과 잃어버린 5억, 택시회사 재취업 얘기일 게 뻔했다.

난감해하는 부장님께 잠깐 아버지 상황을 말씀드렸고 밖에 대기하고 있을 테니 언제든 필요하면 부르시라고 했다. 우리 선에서 해결하지 못하고 이렇게 남에게 짐을 떠넘기게 되어 죄송한 마음이 컸다. 부장님은 우리가 얼마나 원망스러울까.

한참 후 대화를 마치고 아버지가 나오셨다. 아버지를 차에 태운 뒤 잠깐 부장님과 대화를 나눴다.

"심려 끼쳐 죄송합니다. 무슨 얘기가 있었나요?"

"알아듣게 다 잘 말씀드렸어요. 아버지 잘 모셔드리세요."

아버지는 화가 가득한 얼굴로 씩씩거리고 있었다.

"저 새끼 그렇게 안 봤는데 완전 나쁜 놈이네. 나를 바보로 알고 날 속여먹으려고 하네. 도둑놈 새끼. 나를 정신병자로 알아?"

어떤 말을 해도 믿지 않는 아버지. 문제가 하나씩 해소되긴커녕 아버지는 주변의 모든 사람을 나쁜 놈, 정신병자 취급하는 놈으로 만드셨다.

아버지는 은행에 가자고 하셨다. 이미 은행 문이 닫힌 시간이라고 아무리 말씀드려도 막무가내, 고집불통이었다. 모두가 자기를 속이려 한다고 생각하는 것 같았다. 아들인 나마저도. 그래, 난 뱃품을 팔러 온 사람이다. 가자. 그게 어디든. 언제가 됐든.

이번엔 아버지의 오랜 친구를 만났다. 카페에서 만난 친구분은 아버지의 입원 날짜, 병원명, 과거 암 수술 사실까지 기억하고 있었다. 아버지를 진심으로 걱정하는 좋은 친구였다. 아버지는 친구에게 병원에서 생각한 사업 아이템이 많다, 서울에 가서 사업자금, 정치자금을 모아야겠다, ○○그룹 회장을 만나야겠다고 말했다.

아버지의 상태가 이상하다는 걸 느낀 친구분은 다른 생각하지 말고 건강만 생각하라는 덕담을 남기고는 일이 있으니 다음에 보자며 급히 자리를 파했다. 고립을 자초하는 아버지를 보며 쓸쓸한 생각이 들었다. 체력이 소진된 아버지는 집에 가자고 하셨다. 오히려 마음이 급한 건 나였다. 한 명이라도 더 만나고 한 곳이라도 더 가야 할 텐데. 조금의 미련도 남지 않도록, 조금의 의심도 남지 않도록. 두 눈으로 다 확인하고 스스로 포기해야 할 텐데…

그 후로 몇 번의 외출, 몇 번의 만남이 더 있었지만 늘 예상과 달리 흘러가는 시나리오와 사람들의 반응에 아버지에게 남은 건 실망감과 체력의 한계였다. 아버지는 결국 다시 입원하는 데에 동의했다. 어찌 됐든 다행이다. 이만해서 다행이다.

짐을 가득 싣고 다시 원래 있었던 장흥 병원으로 가는 차 안. 백미러로 졸고 있는 엄마의 얼굴이 보였다. 엄마는 졸면서도 인상을 찌푸리고 있었고 얼굴엔 수심이 가득했다. 나쁜 꿈을 꾸시는 걸까? 현실보다 더 나쁜 꿈이 있을까?

어젯밤 짐을 정리하며 냉장고 옆에 쪼그리고 앉아 김빠진 맥주를 드시던 엄마의 모습이 오버랩됐다. 엄마는 얼마나 고단하실까? 이 상황이 얼마나 지옥 같을까?

병원에 도착하니 반가운 얼굴들이 우릴 반겼다. 치료사 선생님, 간호사 선생님, 환자분들까지. 아버지는 이제야 내 집에 온 것 같다며 좋아하셨다. 다행이다. 고생한 보람이 있구나.

짐을 다 나르고 다시 숙소로 돌아갈 시간.

"아버지, 이제 저 갈게요. 재활 운동 열심히 하셔서 다음엔 더 건강한 모습으로 봬요."

이제 끝이구나. 이제야 발 뻗고 잘 수 있겠구나.

"민아, 갈라고? 어디로 가냐? 나 지금 시울 기려는데 나 좀 태워주라."

또 시작인 건가? 지금까지 난 뭘 한 거지? 난 그냥 못 들은 척 무시하고 뒤돌아 나왔다. 가는 길에 엄마에게 전화가 왔다. 아버지가 서울에 가겠다며 택시를 불러달라고 했단다. 이 네버 엔딩 스토리는 언제 끝이 날까? 할 만큼 하고 나니 이제 헛웃음이 나왔다.

긴 여정을 마치고 회사로 돌아가는 길. 신기하게도 한 명씩 돌아가며 안부 전화가 왔다. 친구들, 할머니, 장모님까지. 날 걱정하고 위로해 주는 고마운 사람들 덕분에 이 고통의 시간이 그리 고통스럽지만은 않다. 잘 이겨내고 있고 잘살고 있다고 스스로를 다독이며 힘을 내게 된다.

나도 엄마에게 자주 연락드려 하소연도 들어드리고 함께 걱정을 나눠야겠다. 지금 상황엔 그게 가장 중요한 것 같다. 엄마에게 필요한 건 답이 아니었다. 혼자가 아니라는 생각, 엄마는 지금 잘하고 계신다는 응원이었다.

나의 끝, 나의 시작만 생각했다
- 인사 발령, 그리고 엄마의 메시지

> 올겨울도 많이 추웠지만 가끔 따스했고, 자주 우울했지만 어쩌다 행복하기도 했다. 올겨울의 희망도 뭐니 뭐니 해도 역시 봄이고, 봄을 믿을 수 있는 건 여기저기서 달콤하게 속삭이는 봄에의 약속 때문이 아니라 하늘의 섭리에 대한 믿음 때문이다.
> – 박완서, 『수많은 믿음의 교감』 中 –

인사 발령 시즌이 찾아왔다. 2년 간의 주말 부부 생활을 마치고 드디어 가족 상봉이 눈앞이다. 그게 무엇이든 어김없이 끝은 찾아온다는 사실이 새삼 위로가 된다.

간병하러 가는 날 무거웠던 발걸음도 간병을 마치고 돌아오는 날엔 자유의 몸이 된 해방의 기쁨, 마음의 짐과 큰 숙제를 덜어낸 홀가분함으로 발걸음이 가벼워진다. 주말 부부도, 주말 간병도 끝이 오듯 끝이 보이지 않는 지금의 시기도 언젠가는 옛일이 될 것이다. 괴롭더라도, 막막하더라도 끝은 분명히 있으니 오늘만 생각하기로.

주말 간병으로 오랜만에 집에 왔을 때 낯설었던 기억이 떠올랐다. 우리 집 현관 앞에 도착한 나는 무심코 회사 숙소 비밀번호를 눌렀다. 우리 집 비밀번호를 떠올리는 데까지는 시간이 필요했다. 내 집이, 이런 내가 낯설게 느껴진 순간이었다. 주말이나 휴가 때에도 집에 가면 가끔 객이 된 것 같은 느낌이 들 때가 있다. 아내도 아이들도 각자 삶의 패턴이 있었고 거기에 내가 불쑥 끼어든 느낌이 들었다. 이제 타지에서의 삶을 정리하고 원래의 자리로 돌아가 다시 내 자리를 찾고, 삶의 패턴을 만들어 갈 때다. 끝은 홀가분함과 동시에 아쉬움을, 시작은 기대와 동시에 걱정을 동반하지만 지금은 홀가분함과 기대가 너무 커 아쉬움이나 걱정에 내어줄 자리가 없었다.

설 연휴 긴 간병을 마치고 홀가분한 마음으로 숙소로 오는 길, 엄마에게 메시지 한 통을 받았다.

"너무너무 예쁘게 커주는 모습 보며 평생 할 효도 그때 다 했다고 생각했는데 아직도 해야 할 효도가 남아 있었던가 보구나. 그간의 고통, 현재의 기막힌 상황, 끝이 안 보이는 막막한 미래다 잊고 온 가족 함께여서 행복했다. 고이고이 길렀는데 말년에 이렇게 큰 짐을 지워줄 줄 꿈엔들 알았을까. 가슴 아프고 목이 메인다. 민이 발령 간절히 바라던 일이라 백번 축하하면서도 덩그러니 아버지와 둘만 남고 모두 멀어져 가는 듯해 겁이 나고 허전하고… 나쁜 엄마인가 봐. 나이 한 살 더 먹은 티를 내는 건가? 명절 뒤끝이라 그런가? 씩씩해져야지 하면서도 자꾸만 목이 메네.
민아, 고맙다. 어쩔 수 없이 이젠 장성한 아들들에게 의지하고 있는 나약한 엄마를 용서해 줘. 고생 많았다. 조심히들 가거라. 너희들이 있어 엄마는 어떤 부모도 부럽지 않다는 거 알지? 부디 건강 유의해야 한다."

난 나의 끝, 나의 시작만 생각했다. 내가 멀어진다는 것만으로도 불안에 떨고 있는 엄마의 끝, 엄마의 시작은 미처 생각하지 못했다. 만감이 교차할 엄마를 생각하니 마음이 아렸다.

오전에 숙소와 회사 짐을 차로 옮겨놓고 후임자에게 업무 인수인계까지 마무리했다. 이제 진짜 안녕이구나.
그런데 그때 엄마에게 전화가 왔다. 아버지가 몸에 이상이 생겨 내일 광주에 있는 큰 병원에 가봐야 할 것 같단다. 엄마는 어쩔 줄 몰라 발을 동동 구르며 그저 내가 와주기만을 바라고 계셨.
하… 나도 일정이 빡빡한데… 어쩔 수 없었다. 부모님이 우선이지. 부모님을 태우고 휠체어까지 실으려면 다시 차에 실은 짐을 내려야 했다. 난 오전에 뭘 한 거지?
처음 엄마 전화를 받았을 땐 막막함이 앞섰다. 떠나기 선 만나기로 했던 사람들과의 약속은 다 취소해야 했고, 짐은 또 언제 다시 싸며, 언제 올라가서 인수인계받지? 모든 계획이 엉켜버렸다. 하지만 돌이켜 생각해 보니 다행이나 싶었다. 그나마 내가 여기 있을 때

(2시간 거리) 일이 터져 망정이지 올라간 다음에(5시간 거리) 상황이 터졌으면 어쩔 뻔했나. 모든 게 잘된 거다. 기분 좋게 가자.

내일은 아침 6시에 출발해 운전만 12시간을 해야 한다. 몸 컨디션이 안 좋아 콧물이 줄줄 흐르고 눈코가 시려 평소 잘 먹지도 않는 약을 먹었다. 부모님께 씩씩하고 밝은 모습을 보여드리고 싶었다. 내일이면 타지 생활 진짜 마지막 날이다. 참 빡세게도 떠난다.

"너는 더 이상 내 아들 아니야!"

– 아버지는 나와의 인연을 끊으셨지만…

> 화해는 '내'가 '나'와 하는 겁니다. 부모는 죽을 때까지 '나'에게 사과하지 않을 수 있어요. 우리는 죽을 때까지 부모를 용서하지 못할지도 모릅니다. 그 마음, 그냥 그대로 두세요. 누구도 나 아닌 남을 어쩌지 못해요. 부모도 내가 아닌 이상 남입니다. 결국 '내'가 화해해야 하는 것은 '나'예요.
>
> – 오은영, 『오은영의 화해』 中 –

마지막을 잘 마무리하려 했건만. 최악의 마무리였다. 다시 돌이켜 봐도 모르겠다. 내가 할 수 있는 최선이 무엇이었을까? 최선이라는 게 있기나 한 것일까? 고생은 고생대로 하고 최악의 결과만 남긴, 길고 긴 하루였다.

아침 6시에 장흥 병원으로 출발했다. 약을 먹고 잔 덕인지 콧물은

멈췄지만 눈이 건조하고 시린 증상은 계속됐다. 아침 일찍 부모님을 모시고 광주에 있는 병원으로 갔다. 아버지 병원에 엄마 병원까지. 아들이 떠나기 전 들러야 할 곳은 다 들러야 했다. 다시 장흥에 모셔드리고 진주에서 짐을 챙겨 인천으로 올라가야 하는 빡빡한 일정이었다.

오전 일정을 마치고 점심을 먹는 중에 아버지가 또 이상한 말씀을 하기 시작했다.

"어이, 10만 원만 빌려주소."

엄마와 난 불길한 예감에 눈이 마주쳤다.

"지금 서울 올라가서 선거자금 조달해야겠네."

또 시작이구나. 아버지는 마지막까지, 꼭 이렇게 아들을 불편하게 보내야만 했나? 선거에 대한 아버지의 망상과 고집, 출구 없는 감정 싸움을 또 시작해야 하나? 이럴 땐 무시하는 게 상책이다. 아버지를 서둘러 차에 태우고 장흥 병원으로 향했다.

"차 좀 세워라. 나 여기서 내려야겠다."

못 들은 척 무시했지만 아버지의 저항이 거셌다. 지금 무조건 서울에 가겠다며 고집을 부렸다. 못 들은 척 계속 무시로 일관할 수만은 없는 상황이었다. 엄마는 떼쓰는 아이 타이르듯 아버지를 타일렀다. 달래기도 했다가 화도 냈다가 결국 울먹이며 매달리다시피 하셨다.

아버지는 본인 상황은 전혀 인식하지 못한 채 엄마에게 화내고 욕하고 소리를 질렀다. 죽든 말든 내버려둬라, 당장 이혼하자, 당신이 내 인생을 망치고 있다, 더는 못 참는다…

아무리 뇌를 다쳤다고 해도 사람이 어쩜 저리 뻔뻔할 수 있을까? 어쩜 저리 나쁠 수가 있을까? 뒷좌석에서 일어나는 소동에 최대한 동요하지 않으려 크게 심호흡하고 이를 꽉 깨물고 못 들은 척 꾹 참았다.

하지만 다른 건 다 참을 수 있어도 엄마에게 함부로 하는 건 참기 힘들었다. 눈앞에서 엄마가 당하는 모습을 보며 내 인내심은 급격히 바닥났다. 머리털이 쭈뼛 서고 내장이 뜨거워졌다. 울화가 치밀고 살기가 돈다는 게 이런 건가? 최대한 개입하지 않으려, 자극하지 않으려, 냉정함을 유지하려 했지만 결국 폭발하고 말았다.

"그만 좀 하세요! 왜 그렇게 이기적이십니까! 가족은 생각 안 하세요? 뇌를 다치셔서 그러겠거니 계속 참았습니다. 저는 성질 없어서 가만히 있는 줄 아십니까? 지금 엄청 참고 있는 겁니다! 엄마가 뭐 큰 거 바랐습니까? 선거 얘기만 좀 그만하라는 거 아닙니까! 선거요? 대소변이나 혼자 해결하고 얘기하세요!"

꾹꾹 참고 눌러왔는데… 결국 터지고 말았다.

아버지는 완전히 이성을 잃으셨다. 목소리가 뒤집힐 정도로 흥분하셨다.

"이 새끼가 애비한테 말하는 거 봐라! 나랑 싸우자 이거냐? 오냐, 한판 붙자! 싸가지 없는 새끼, 넌 이제 나랑 인연 끝났다!"

차에서 한동안 고성이 오갔다. 우리 셋은 모두 흥분상태였다. 뒤통수에 주먹이 날아올지도 모른다는 생각이 들었다. 나도 내가 어떻게 반응할지 모르는 상황이 됐다. 한차례 폭풍이 휩쓸고 지나갔고 정적이 흘렀다. 엄마의 훌쩍임, 아버지의 씩씩거림만이 차 안의 정적을 메웠다. 울고 있는 엄마를 보니 마음이 아팠다. 내가 무슨 짓을 한 거지? 도와드리려 나섰지만 결국 또 내가 일을 그르친 건가? 엄마만 더 힘든 상황으로 몰아넣은 건가?

화가 난 마음에 애꿎은 액셀만 밟아대는 바람에 금세 병원에 도착했다(나중에 과속 딱지 큰 놈 하나가 집으로 날아왔다. 성질 못 참은 벌금이었다). 아버지는 차에서 내리자마자 또 서울에 가겠다며 고집을 부렸다. 엄마는 아버지께 매달려 울며 사정했고 아버지는 그런 엄마에게 폭언을 퍼부었다. 지켜보기 힘들었지만 일을 키울까 봐 참았다. 정상이 아닌 분과 무슨 말을 하겠나.

마음 같아서는 갈 데까지 가볼까 하는 생각도 있었다. 하지만 남아서 고통받을 엄마를 생각하면 내 기분에 따라 행동할 수는 없었다. 내 기분은 중요한 게 아니었다. 아버지께 죄송한 마음은 털끝만큼도 없었지만 아까는 너무 흥분한 것 같다고, 죄송하다고 사과드렸다.

"됐어! 너랑 나 사이에 인연은 아까 끝났어! 너는 더 이상 내 아들 아니야!"

그러면서도 아버지는 차마 손자들과의 인연은 못 끊겠다며 눈물을 흘렸다. 나는 완전히 개판이 된 상황을 뒤로한 채, 주저앉아 우는 엄마에게 죄송하다고 사과드리고 그냥 돌아서서 병원을 나왔다. 평소 같으면 어떻게든 수습했겠지만 이번엔 그러고 싶지 않았다. 내가 더 할 수 있는 것도 없었고 더 굽히고 달래드릴 마음도 없었다. 아버지와 같은 공간에 있다가는 일을 더 그르칠 것 같았다. 이번에도 그저 시간의 힘을 믿는 수밖에는…

병원 로비에서 벌어진 난리에 재활치료사분들과 병실 사람들이 달려왔다. 감사하게도 그분들의 긴 회유와 설득 끝에 아버지는 화를 누그러뜨리고 병실로 돌아갔지만 언제 터질지 모르는 일촉즉발의 상황은 계속되었다.

아버지도 나도 감정 정리가 안 된 상황. 그런데 하필 내일이 아버지 생신이다. 아버지 말씀처럼 끊을 수 있는 인연이라면 끊고 싶다는 생각까지 들지만 현실은 현실. 내일 아버지께 전화드릴 생각이다. 내가 할 도리는 다하고 선택은 아버지가 하실 수 있도록.

아버지의 상태에 따라 일희일비하며 하루하루 버티는 게 유일한 방법인 현실, 엄마를 위해 내가 할 수 있는 게 없는 현실, 아버지에 대한 안 좋은 감정만 쌓여가는 이 현실이 너무 싫고 괴롭다.

다시 시간을 되돌린다고 해도 그때 내 선택은 같았을 것 같다. 미련 없이, 후회 없이 최선을 다하자 늘 다짐하지만 아무리 생각해도 그 최선이 뭔지 모르겠다. 이 혼돈의 시기가 언제쯤 끝이 날지…

"우물 안 개구리는 행복할까, 불행할까?"

- 다시 우물 안으로 들어간 아버지

> 마음의 고통이 내 안에서 나왔다는 것을 알더라도 아픔이 덜해지진 않습니다. 그 앎 자체로는 조금도 고통을 덜어낼 수 없습니다. 하지만 최소한 그 사실을 이해하면 고통을 새로운 방식으로 바라볼 수 있게 됩니다. 우리에게 떠오르는 모든 생각을 믿지 말아야 하는 주된 이유도 바로 여기에 있습니다.
> — 비욘 나티코 린데블라드, 『내가 틀릴 수도 있습니다』 中 —

어떻게든 시간은 흘렀다. 아버지의 히스테리는 주기적으로 반복됐고 엄마의 일상과 감정은 아버지의 상태에 따라, 나의 일상과 감정은 엄마의 상태에 따라 천국과 지옥을 오갔다. 아버지는 우리의 일상을 쥐고 흔들었다.
아버지가 나와 인연을 끊기로 한 다음 날 아침 아버지께 영상통화로 생신 축하 전화를 드렸다. 아이들과 아내가 중간에서 다리 역할을 해줬다. 이번 역시 누구도 그때를 언급하지 않았다. 언제 그런 일이 있었냐는 듯. 그렇게 해소되지 않은 감정의 상처 하나가 가슴속에 하나 더 쌓였을 뿐이다.

엄마는 또 나에게 SOS를 치셨다. 군수 출마를 해야 하니 당장 퇴원하겠단다. 그놈의 선거, 정치. 진짜 최악의 정신병이고 불치병이다. 막고 막았지만 이번엔 도저히 안 되겠다고 퇴원까지도 고려해봐야겠다고 하셨다.

또 히스테리가 절정에 달한 주기가 왔구나. 나도 회사 일이 있고, 일상이 있고, 생활이 있는데 언제까지 만사 제쳐두고 달려와야 하는가. 아버지에게 언제까지 휘둘리며 살 건가.

엄마에게 그냥 내버려두시라고, 아버지 혼자서 뭘 하실 수 있겠냐고, 차라리 정신병원에 넣어버리자고까지 가시 돋친 말들을 쏟아놓았다.

엄마는 너무 힘들어서 나도 벗어나고 싶지만 그럴 순 없다고, 사람 어려울 때 버리는 거 아니라고, 아버지 인생이 불쌍하지 않냐고, 어떻게든 사람을 만들 거라고 하셨다. 아버지의 원대로 이혼을 하더라도 혼자 일상생활이 가능한 상태를 만든 후에, 그때 해주겠다고 하셨다. 가장 힘들 엄마가, 자신의 인생을 갈아 넣은 엄마가 그렇게 말씀하시니 난 또다시 모든 삽넘은 집고 엄마만 생각하기로 했다. 내가 뭐라고…

병원 측의 배려로 퇴원 대신 긴 외박을 얻었고 나는 아내와 회사의 배려로 긴 휴가를 냈다. 4박 5일의 긴 여정이었다. 이 기간 내에 아버지가 하자는 것 다 들어드리고 최대한 많은 좌절을 맛보게 해 드리는 게 목표였다.

'나는 감정이 없다. 그저 이동을 돕는 수단이다'

자기 최면을 걸었다. 그래야 살 것 같았다.

6시간을 운전해 병원에 도착했고 내 감정은 최대한 숨긴 채 웃으며 인사드렸다.

다음 날 아침. 그룹 영상통화로 예배를 드렸다. 병실 멤버는 뿔뿔이 흩어졌지만 목사님의 아침 영상 예배는 계속됐다. 엄마의 기도와 아멘은 어느 때보다도 절실했다.

아버지는 여기저기 전화하며 약속을 잡았지만 언제 누구를 만나는지는 알려주지 않았다. 일단 가자고, 시키는 대로 운전만 하란다. 방향감각도 없고 편측무시가 있는 아버지가 진두지휘하는 차는 수차례 뺑뺑이를 돌았다.

만나기로 했던 분이 연락을 받지 않았다. 예전에 선거운동을 도와주셨던 분인 듯했다. 벌써 10년이 넘은 이야기라 잊고 산 지 오래고 그때의 기억이 좋을 리 없어 아버지를 피하고 싶었을 게다.

아버지의 지시대로 한 건물에 주차했고 무작정 한 사무실로 들어갔다. 난 반신반의했지만 놀랍게도 그분이 계셨다. 아버지를 어디까지 믿어야 할지 갈피를 잡을 수 없었다. 예기치 않은 불청객의 등장에 그분은 당황하신 듯했다.

아버지가 혼자 잠시 사무실에 계시는 동안 그분께 아버지의 상황을 간략히 설명해 드렸고, 두 분은 한참 동안 이야기를 나눴다. 아버지는 또 허황된 이야기를 늘어놓으며 한 인연을 이렇게 스스로 끊어버린 듯했다.

이번엔 친한 친구 두 분을 만났다. 아버지의 변해버린 행색에, 허황된 이야기에 친구분들은 아버지의 상태를 직감했고 쓸데없는 생각 하지 말고 몸이나 챙기라며 친한 친구라서 할 수 있는 면박을 주셨다.

아버지는 그 상황이 불편했는지 만난 지 10분도 안 되어 도망치듯 헤어지며 피곤하다고 집으로 가자고 하셨다. 오늘은 아무 소득 없이 여기서 끝인 건가? 더 큰 좌절을 맛보셔야 할 텐데. 생각에 잠긴 아버지가 갑자기 내게 물으셨다.

"민아, 우물 안 개구리는 행복할까, 불행할까?"

갑자기 또 무슨 생각을 하고 계신 건지.

"우물 밖에 나가면 뱀도 있고, 초등학생들한테 잡혀서 구워 먹힐 수도 있고… 우물 안에 있는 게 안전할 수는 있겠지?"

밖에 나와 보니 생각 같지 않다는 걸 느끼신 걸까?

"그런데 우물 안에서는 마음대로 뛰지도, 돌아다니지도 못할 텐데… 행복할까?"

난 아버지가 안전한 우물 안에서 행복한 개구리로 지내시길 바라는 마음으로 말씀드렸다.

"그건 개구리가 마음먹기 나름 아닐까요? 우물 안에서도 행복 찾으며 잘 살다 죽으면 행복하게 산 거고, 계속 우울하다고만 생각해 우물 밖만 쳐다보며 살다 죽으면 불행하게만 살다 죽은 것 아닐까요?"

잠시 생각에 잠긴 아버지는 갑자기 누군가에게 전화를 걸었다.

"○○ 군수랑 식사 약속 한번 잡아봐. 내가 식사 대접한다고."

결국 아버지는 우물 밖을 선택했다. 위험해도, 잡아먹히더라도, 하루를 살아도 앞뒤 재지 않고 들이받는 삶을 살아온 아버지다운 선택이었다. 그 멋진 선택의 수습은, 그 피해는 늘 엄마와 우리의 몫이었지만…

아버지는 여기저기 전화하며 일을 벌였고 나와 엄마는 첩보작전 하듯 아버지 폰에 찍힌 수신자에게 몰래 다시 전화해 아버지 상태를 설명해 드리며 상황을 수습했다.

다음 날 또 아버지를 모시고 길을 나섰다. 어제 다 약속했다며 식사 장소에 가면 미리 와서 기다리고 있을 거라고 했다. 확실한 거냐, 시간과 장소를 확실히 정하신 거냐, 통화를 하신 게 맞냐고 물었지만 아버지는 왜 의심하느냐며 오히려 화를 냈다. 점심을 먹자고 했으니 12시에 식당으로 올 것이고, 장소는 따로 말 안 해도 갈치 집 한 곳밖에 없다, 내가 어렵히 알아서 다 할 건데 네가 왜 참견이냐며 따졌다. 아버지의 약속, 시간관념은 늘 그런 식이었다.

예상대로 약속 장소엔 아무도 없었다. 오기로 했다는 사람은 연락도 받지 않았다. 아버지는 사람들이 자신을 피하고 있다는 사실을 인지하지 못했다. 지금까지 쌓아온 인연들과 멀어져 고립되어 가는 아버지, 그 상황을 전혀 인정하지 못하는 아버지를 지켜보는 마음이 복잡했다. 이 생고생이 의미가 있는 걸까?

이번엔 동창회 사무실로 가자고 했다. 말로만 듣던 동창회 사무실. 밤새 친구들과 도박하느라 연락 두절 상태로 며칠씩 외박하며 엄마 속을 썩였던, 말도 많고 탈도 많았던 그곳.

언젠가 명절 때였다. 약속된 가족 식사 자리에 아버지는 나타나지 않았고 연락도 되지 않았다. 또 동창회 사무실에서 친구들과 놀고 계실 게 뻔했다. 난 엄마에게 주소를 받아 형과 함께 동창회 사무실을 급습했다. 아버지의 반복되는 무책임과 배려 없는 행동에 화가 머리끝까지 솟아오른 나는 이번 기회에 동창회 사무실을 엎어버리겠다, 친구들 앞에서 제대로 수모를 느끼게 해드리겠다, 다시는 발도 못 붙이게 해드리겠다는 분노로 가득 찼었다. 하지만 도착해 보니 허무하게도 그곳은 불이 꺼지고 문이 잠겨 있었다. 난 유리창이라도 박살 내고 가야겠다며 짱돌을 찾으며 주변을 서성였다. 그랬던 그곳에, 아버지를 모시고 오게 될 줄이야.

동창회 사무실은 건물 4층에 있었고 엘리베이터가 없어 계단으로 올라가야 했다. 아버지는 난간을 잡고 겨우 한 발씩 계단을 올랐고 온몸은 땀으로 범벅이 됐다. 후들거리는 다리로 겨우 중심을 잡으며 가쁜 숨을 몰아쉬던 아버지는 멀리서 어렴풋이 친구들의 목소리가 들리자 어디서 힘이 솟았는지 다시 죽을힘을 다해 계단을 올랐다.

4층이 가까워지자 담배 냄새가 풍겨왔고 계단 통로에 쭉 놓여 있는 소주병이 우릴 먼저 맞이했다. 막상 도착해 보니 내가 상상했던 것보다 더 좁은 골방이었다. 친구 6명이 원탁에서 카드를 치고 있었다.

문제의 하우스가 여기였구나. 다 늙어버린 노인들. 천 원짜리 카드를 치며 시간을 죽이는 모습. 내 노년이 저럴까? 저렇게 살면 새 믿을까? 아버지는 저게 그렇게 좋았을까? 그때 내가 여기를 싹 다 엎어버렸다면 이분들의 모습도 달라졌을까? 아버지와 내 연은 그때 끝났겠지?

난 아버지 친구 한 분께 상황을 설명드린 후 내려와 차에서 대기했다. 이 소중한 시간을 이렇게 보내는 것이 최선일까? 바람 쐬고 친구 만나는 시간도 도움은 되겠지.

한 시간 넘게 기다렸지만 연락이 없어 상황을 확인하러 올라가 보았다. 카드 치느라 정신없는 친구들 틈에 초점 없는 시선으로 멍하니 앉아 있는 아버지가 보였다. 친구들은 나를 보더니 잘 왔다며 얼른 아버지를 모시고 가라고 했다. 아버지 소변 뉘어드리느라 고생 좀 하셨단다. 동창들에게도 애물단지 취급받는 아버지를 보니 마음이 짠했다.

아버지를 모시고 4층 계단을 내려왔다. 올라갈 땐 친구들을 본다는 희망이라도 있었지만 내려올 땐 힘이 다 빠져 잘 걷지 못했다. 난간을 잡고 후들거리며 숨을 헐떡였다.

"아이고 진짜 죽겠다. 밖에 못 다니겠다. 사람 만나기도 힘들고, 돈도 없고. 그냥 병원 들어가는 게 낫겠다. 병원이 제일 편하다. 가서 빨리 눕고 싶다."

아버지는 나머지 일정은 다 접고 내일 다시 병원으로 가겠다고 했다. 아버지의 망상을 깨드린 건 하나도 없었지만 이것만으로도 큰 소득이었다.

다음 날 아버지를 모시고 병원으로 복귀했다. 머리도 깎아드리고 목욕도 시켜드린 후 다시 집으로 올라가는 길. 이제야 큰 한숨이 내쉬어졌다. 어찌 됐건 또 이렇게 한고비를 넘겼구나.

아버지 일로 스트레스를 받는 상황이 반복되면서 내 나름대로 견디는 법이 생기고 있다.

첫째, 힘이 들 때면 지금이 아닌 내 인생 전체에서 지금의 순간을 보려 한다. 지금이 다가 아니다. 순간일 뿐이다.

둘째, 그냥 인간의 삶이라는 걸 생각한다. 누구나 태어나서 죽는, 그냥 인간. 뭐 그리 큰일이 있겠는가.

셋째, 스스로 최면을 건다. '나는 개미다'

우리가 바쁘게 움직이는 개미를 보면서 개미의 고뇌와 슬픔을 생각하진 않는다. 개미는 그저 먹이를 나르고 구멍을 파고 어디론가 바쁘게 움직일 뿐이다. 누군가가 위에서 나를 내려다보거나 제삼자가 나를 본다고 해도 마찬가지다. 그저 운전하고, 부축하고, 씻겨드리고, 닦아드리며 그렇게 움직이는 게 전부다.

내가 힘든 이유는 내 머릿속에 있다. 생각이 나를 힘들게 한다. 원망하는 마음, 일어나지 않은 일에 대한 걱정, 막막함이 날 힘들게 한다. 내가 나를 괴롭히는 것이다. 뇌에서 일어나는 모든 생각을 비우고 난 그저 개미처럼 움직일 뿐이라 생각하면, 내 노동력과 운동량만 생각하면 뭐 그리 중노동을 한 것도 아니다. 결국 모두 지금 순간을 한 발짝 떨어져서 바라보는 연습, 스위치를 끄고 단순하게 지금만 생각하는 연습이다. 연습을 반복하다 보면 고통을 이겨내는 근력이 생길 것이고 그러다 득도해서 모든 걸 여유 있게 받아들일 날이 오겠지?

[여기서 잠깐] 좌뇌 vs 우뇌

같은 뇌졸중 환자여도 우뇌에 손상이 온 사람과 좌뇌에 손상이 온 사람의 증상에는 큰 차이가 있다. 평소 우리는 우뇌와 좌뇌 각각의 기능에 대해 인식하기 어렵지만 뇌졸중 환자의 증상을 보면 신기할 정도로 그 기능이 구분되어 있음을 알 수 있다.

좌뇌

언어와 계산의 뇌. 논리적·이성적 판단에 관여.
좌뇌가 손상되면 우측 편마비, 언어장애와 실어증이 나타날 수 있다. 다른 사람의 말은 이해하지만 말을 유창하게 하지 못하고 논리적이고 순차적 사고가 불가능해진다. 비교적 발견이 쉬워 초기 대응이 가능하다.

우뇌

창의적 사고의 뇌. 감성과 공간 감각의 뇌. 직관적 판단에 관여.
우뇌 손상 시 좌측 편마비, 편측 무시 증상이 나타난다. 편측 무시 환자에게 **왼쪽 세계는 존재하지 않는다**(아버지는 식판에 놓인 반찬, 사진과 글씨까지 반으로 나눠 오른쪽 부분만 보셨다. 시력의 문제가 아니기 때문에 의도적으로 왼쪽을 보려는 연습과 집중력 훈련이 필요하다). **감정 조절의 어려**

움과 갑작스러운 감정 기복을 일으킨다. 공간 지각력이 떨어지고 방향 감각을 상실한다. 자기 자신이 인지하기 어려워 가족이나 주변 사람의 관찰이 필요하다.

뇌출혈의 경험을 『나는 내가 죽었다고 생각했습니다』에 기록한 뇌과학자 질 볼트 테일러는 좌뇌 손상 이후 '마음의 평화' '평온한 행복감' '우주와 하나가 된' 느낌을 받았다고 한다. 그녀는 우뇌와 좌뇌에 대해 아래와 같이 기술했다.

오른쪽 뇌는 현재 순간의 풍요로움에 모든 걸 맞춘다. 삶에 대한 고마움, 살아가며 만나는 모든 사람과 모든 것에 대한 고마움으로 가득하다. 매사에 만족하고, 정이 많고, 넉넉히 끌어안고, 한결같이 낙관적이다. 우뇌의 성격은 좋고 나쁨, 옳고 그름의 판단이 없으므로 모든 것을 상대적으로 바라본다. 현재의 모습을 있는 그대로 받아들이며 인정한다.

'모든 것은 그에 맞는 자리가 있고, 모든 것은 제자리에 있어야 해.' 이것이 왼쪽 뇌의 좌우명이다. 오른쪽 뇌가 인간적인 사랑을 높이 산다면, 왼쪽 뇌는 재정과 경제에 관심이 많다.

회복 과정 중에 나는 고집스럽고 오만하고 비꼬기 좋아하고 질투심 많은 내 성격을 담당하는 부위가 상처받은 왼쪽 뇌의 사아 중

추 안에 존재한다는 것을 발견했다. 이 부위는 나를 지독한 패배자로 만들고, 원한을 품고, 거짓말을 하고, 심지어 복수를 꾸미게 한다.

이 책을 읽으며 아버지의 고집과 집착, 불만과 화는 손상된 우뇌와 활성화된 좌뇌 때문이라는 사실을 알았고, 좌뇌 손상이 온 작가와 그녀의 가족이 부럽기까지 했다. 하지만 다행히 시간이 갈수록 아버지의 우뇌는 기능을 점점 회복하는 것처럼 보였고 마음의 안정을 찾아갔다(죽은 신경세포가 살아날 수는 없지만 연결구조를 새롭게 생성할 수는 있다).

좌뇌와 우뇌의 기능과 손상됐을 때의 반응을 인지한다면 환자를 조금은 더 이해할 수 있지 않을까?

V
살아가는 한 결말은 없다

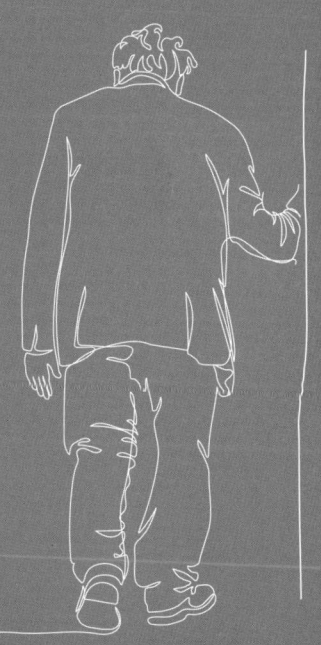

간병하러, 아니 쉬러 갑니다
- "곧 전화드리겠습니다."

누구나 생각을 내려놓을 능력이 있습니다.
다만 약간의 연습이 필요할 뿐입니다.
- 비욘 나티코 린데블라드, 『내가 틀릴 수도 있습니다』 中 -

내일은 간병하러 가는 날이다. 간병하러 가는 날은 왜 이리 빨리 돌아오는지. 기름값에, 톨비에, 돈도 돈이지만 차는 또 얼마나 막힐지. 답답한 병원에서 어떻게 3일을 버틸지…

이런 생각을 하다가 문득 정신이 들었다. 내가 지금 무슨 생각을 하는 거지? 2년 동안 병원에 갇혀 고생하시는, 아들들이 교대해 주는 고작 며칠 숨통이 트이시는, 그 시간마저도 집안일 하랴, 병원에 약 타러 가랴 장 보랴, 아버지 드실 반찬 만들랴, 잠시도 쉴 틈 없는 엄마를 두고 이런 생각이나 하고 있다니… 죄를 지은 기분이다.

엄마 역시 죄인이 된다. 바쁠 텐데 먼 길 오느라 고생하겠다, 미안하다… 엄마가 미안할 일이 전혀 아닌데도…

도서관에 가기 전, 보든 못 보든 가방 가득 책부터 몽땅 챙겨야 마음이라도 든든한 것처럼 병원에서 읽을 책을 몽땅 챙겨본다. 막상 병원에 가면 다 보지도 못할 테지만 책 읽을 수 있는 평온한 시간을 기대하며.

책을 챙기고 있으니 마치 내가 휴가철 어디론가 쉬러 가는 느낌이 들었다. 쉰다는 건 뭘까?

> 쉰다는 건 내가 애쓰고 노력했던 호흡과 패턴에서 완전히 반대의 호흡과 패턴을 찾아 시간을 갖는 거라네. 차이가 클수록 좋지. 운동선수에게는 가만히 있는 호흡이 쉼이 되고, 공부를 많이 한 사람에게는 어느 정도 활력이 있는 호흡이 쉼이 되고, 머리를 많이 쓰는 사람에게는 생각을 멈춘 다른 생활의 패턴이 쉼이 된다네. 그런데 보통 쉼은 익숙한 곳에서만 가지려고 하지. 예를 들어 생각이 많은 사람은 쉬면서도 생각하려 하고, 운동선수는 쉬면서도 운동을 생각하고, 공부하는 사람은 쉬면서도 시험을 준비하네. 익숙한 호흡은 나를 쉬게 할 수 없어. 익숙한 호흡에 지친 거니까. 전혀 다른 생활의 호흡이 필요하고 그것이 숨이 되어 쉼을 준다네.
>
> - 글배우, 『고민의 답』 中 -

아버지를 간병하는 시간은 전혀 다른 환경, 전혀 다른 세계에서 완전히 반대의 호흡과 패턴을 갖는 시간이었다. 회사, 가정, 그동안의 일상과 단절된. 그런 의미에서 어쩌면 간병은 내게 쉼이었을지 모르겠다.
 병원에 가면 나를 돌아보게 된다. 일상의 소중함을 느끼고 건강한 몸과 안정적인 삶에 감사하게 된다. 다시 뭔가를 시작하고 싶고 열정적으로 살고 싶은 생각이 든다. 익숙한 호흡에서 벗어나 리프레시가 된다. 엄마에 대한 걱정, 죄책감도 조금은 덜어낼 수 있게 되면서 당분간은 가벼운 마음으로 살 수 있다. 생각을 바꿔보자. 난 쉬러 가는 거다!

 그렇게 이번 주말 병원에서 잘 쉬고(?) 돌아와 엄마에게 안부 전화를 드렸다. 전화는 금방 끊겼고 문자가 하나 왔다.
 "곧 전화드리겠습니다."
 저녁 식사 시간도 지났는데? 아버지 화장실 가시는 거 돕고 계시나? 보통 조금 지나면 다시 전화가 오는데 이번엔 한참이 지나도 전화가 오지 않았다.
 또 아버지 히스테리가 시작된 건가? 아니겠지, 사정이 있겠거니 생각했지만 마음 한구석 불안함을 지울 순 없었다. 한참 후 엄마에게 다시 전화가 왔다.
 "무슨 일 있으셨어요?"
 "아니. 엄마가 좋아하는 주말 드라마 보는 중이어서 끝나고 전화하려고 했지."
 처음엔 '다행이다' 정도였지만 "곧 전화드리겠습니다."라는 문자는 생각할수록 기분 좋은 문자였다. 엄마는 늘 아들이, 아버지가 자신보다 우선인 분이다. 평생을 그렇게 희생만 하며 살아오신 엄마였다. 그런 엄마의 우선순위에서 내가 드라마 다음으로 밀렸다니. 본인의 감정을 우선한다는 것이 다른 사람에겐 어쩌면 당연한 일이겠지만 엄마에겐 혁명과 같은 일이었다. 얼마나 감사한 일인지.

엄마에게 아들과의 교대가, 아버지가 주무시는 잠깐 드라마를 볼 수 있는 시간이 쉼이 되려면 아버지를 벗어난 순간만큼은 아들과 아버지에 대한 생각의 스위치를 꺼야 한다. 전혀 다른 생활의 호흡이 될 수 있도록.

그렇다면 아버지에게 쉼은 무엇일까? 나에게도, 엄마에게도 쉼이 필요하듯 아버지에게도 숨 쉴 틈이 필요할 텐데. 누워 있는 것이 쉬는 것은 아니다. 혼자만의 시간, 내가 주체적으로 결정하고 행동하는 삶의 순간들이 필요하고 그것이 나를 만든다. 하지만 아버지에게 혼자 있는 시간이란 없고, 간병과 보호라는 명목하에 24시간 감시의 눈이 따라붙는다. 아버지가 담배를 찾는 이유도 이해가 간다. 군대에서 믹스커피 한 잔 손에 들고 담배 한 개비 태우는 그 시간이 얼마나 소중했는지를 알기에. 그것은 단순한 담배 한 개비가 아니라 혼자만의 시간과 자유를 향한 갈망임을 알기에. 자유를 향해 발버둥 치는 아버지, 그 발버둥 때문에 휘청이는 우리. 그 중간 어디쯤에서 평화를 찾을 수는 없을까? 아버지가 헛된 망상과 집착만 내려놓으시면 모두가 편안해질 수 있을 텐데. 다른 뇌졸중 환자와 가족들과 달리 우리가 유독 힘든 이유가 거기에 있는데. 어떻게 하면 쉴 수 있는지 알면서 그 누구도 편히 쉴 수 없는 현실. 하지만 쪽잠으로도 꿀잠을 잘 수 있다. 각자 요령껏 쉴 수 있을 때 쉬면서 힘을 내는 수밖에.

"아버지 암이란다."
- 이 이야기의 끝은 어떻게 마무리될까?

인생이란 과정의 연속일 뿐, 이만하면 됐다 싶은 목적지가 있는 건 아닙니다.

— 박완서,『행복하게 사는 법』中 —

어떻게든 시간은 흘렀다. 아버지의 주기적인 히스테리, 가족들이 몸으로 때우고 버티는 지난한 나날들. 이젠 그런 과정에도 어느 정도 익숙해졌는지 웬만한 일에는 크게 동요하지 않는 경지에 이르렀다. 몸도 마음도 힘들었던 초창기엔 생각도 많고 쓰고 싶은 말도 많았다. 쓰면서 마음을 정리했고 치유도 됐다. 그땐 그만큼 토해내고 싶은 말도, 정리하고 치유하고 싶은 것들이 많았던 거였겠지. 하지만 시간이 갈수록 일기장의 기록은 짧아졌고 아버지 리스크는 내 일상의 기본값이 되며 무뎌졌다.

그간의 일들을 글로 다시 정리하면서 '아, 맞다. 그랬었지. 그때 정말 힘들었지. 그래도 우리 참 잘 이겨내고 있구나. 아버지도 많이 좋아지신 거구나' 하며 스스로 잘했다, 수고했다, 다독이기도, 그러다가도 아직도 아버지에 매여 사는 엄마의 인생이 안돼 보이기도, 언제 끝날지 모르는 이 상황이 답답하기도 했다.

그렇게 점점 이 생활에 무뎌져 갈 무렵 아버지는 우리에게 또 다른 숙제를 툭 던져주셨다.

"민아, 어떡하냐. 아버지 암이란다."

엄마는 전화하는 내내 흐느껴 울었다. 이번에 병원을 옮기며 여러 검사를 받던 중 식도에서 암이 발견됐단다. 아버지는 이미 몇 년 전 하인두암 수술을 받으셨고 완치판정 이후 뇌경색에 걸려 3년째 고생하다 이제야 겨우 걸을 수 있을 정도가 됐는데 이번엔 또 암이라니… 전에 걸린 암이 전이된 거라면 손 쓸 수 없는 지경일지도 몰랐다.

엄마에겐 청천벽력 같은 소식이었다. 하지만 그 소식을 들은 나는 크게 놀랍지도, 당혹스럽지도, 슬프지도 않았다.

'아, 암에 걸리셨구나. 그럼 이제 어떻게 하면 되지?'

아버지의 암 소식에도 슬픔을 느끼지 않는 자식이 과연 정상일까 싶었다. 오히려 평생 고생만 시킨 남편의 암 소식에 저렇게 슬퍼하는 엄마의 심리가 궁금해지기까지 했다. 엄마가 없었다면 아버지는 얼마나 외로울까?

얼마 전 친한 친구에게 연락이 왔다. 아버지가 암에 걸리셨고 시한부 2개월 판정을 받으셨단다. 난 실의에 가득 찬 친구를 위로했다. 입 밖으로 내뱉진 않았지만 내심 부럽다는 생각도 들었다.
 '넌 그래도 끝이 있겠구나. 남은 2개월 충분히 잘해드릴 수 있겠구나. 아버님도 마음의 준비를 하고 남은 삶을 정리하실 수 있겠구나'
 아직도 선거에 출마하겠다, 택시 운전을 하겠다, 사업자금과 정치 자금을 모으러 서울에 가겠다며 욕망인지 미련인지 모를 망상과 집착의 끈을 부여잡고 있는 아버지를 볼 때면 안타깝기도, 어쩜 저렇게 평생을 자기 하고 싶은 대로 살며 무책임할 수 있을까 화가 나기도 했다.
 뇌졸중이 얼마나 무섭고 비정한 병인지도 깨닫게 됐다. 서로에게 좋은 모습만 보여주고 삶을 정리할 기회, 서로 안타까워할 기회마저 빼앗아 버리는…
 가끔 아버지에 대한 미움이 커질 때면 불행을 빨리 끝내고 싶은 마음에 해서는 안 될 생각까지도 했었다.

> 당신이 무엇에 대해 기도하는지 항상 조심하라.
> 자칫 그 기도가 이루어질지도 모르니까.
>
> – 줄리아 카메론, 『아티스트 웨이』 中 –

 아버지가 이렇게 된 것도 내가 몹쓸 마음을 품어서가 아닐까 하는 죄책감이 든다.
 요즘 아버지는 이런저런 검진을 받으러 광주에서 서울까지 수십 차례 왕복하고 있다. 뭔 놈의 검사가 이리 많은지 검사하다 여러 사람 잡을 지경이다. 엄마는 혹시 모를 상황에 대비해 소변 통과 기저귀까지 챙겨 버스에 탄다. 나와 형은 그때마다 교대로 휴가를 내 터미널과 병원을 오가며 부모님을 모신다. 오늘 암 검진을 받으러 온 상황에서도 아버지는 농담을 던졌다.

"내가 죽으면 하나님이 엄청 손해여. 내가 하나님 일을 할 것이 많은디. 하나님이 지금 고민이 많을 거다."

끝까지 여유 있고 유머를 잃지 않는 아버지가 대단하고, 또 다행이다 싶으면서도 아버지 하나에 매달린 사람이 몇 명인데, 다음 검진 시간 맞춰 이동하느라 정신없는데도 앉아서 실없는 농담이나 던지고 계시는 아버지를 보고 있는 가족들은 속이 터졌다.

아버지가 죄인처럼 고개 숙인 모습도 싫고 당당하게 큰소리치는 모습도 싫었다. 그냥 이 상황이 싫은 거였다. 가족의 싸늘한 반응을 아는지 모르는지 아버지는 굴하지 않고 농담을 이어갔다.

"하나님도 나 때문에 일이 많이 밀렸을 거다. 나 때문에 손해 보고 있는 사람이 많을 것인디. 큰 문제구먼."

아버지가 얼른 일어나 이동하시길 기다리던 형이 짜증 섞인 한마디를 내뱉었다.

"아버지, 빨리 마스크 쓰세요. 그러다 병원에서 쫓겨나요!"

아버지는 들릴 듯 말 듯 혼잣말을 하며 마스크를 고쳐 쓰고 자리에서 일어났다.

"거 잘됐네. 차라리 쫓겨나면 좋겠다."

소식을 들은 지인들은 내게 위로의 말을 건넨다. 아버지가 건강해도 걱정, 건강하지 않아도 걱정인 걸 아는 친구늘은 부모님 걱정하시길 바란다는 그 흔한 말조차 주저하는 눈치다.

"고생 많다. 어떻게든 네가 잘되길 바랄게."

결국 애매모호한 만능 키를 던지는 그 마음 씀이 고맙다. 나도 어떤 게 내가 잘되는 쪽인지 모르겠다. 이래도 걱정, 저래도 걱정이라면 이러나저러나 큰 상관이 없다는 것과 같다. 지금까지 그래왔듯 걱정과 무관하게 일은 계속 벌어질 것이고 우린 어떻게든 버티고 수습하며 살아갈 거다.

아버지에 대한 글을 책으로 내보고 싶었다. 어떠한 결말도 나지 않은, 뭐 하나 수습되지 않고 일은 계속 커져만 가는, 끝이 보이지 않는 상황에서, 글을 쓰면서도 언제 어떤 결말이 맺어질지 나 역시 궁금했다.

내가 내린 결론은 살아가는 한 결말은 없다는 것이다. 지금도 크고 작은 문제는 계속 생겨나고 있고 그때마다 우리 가족은 서로 의지하며 각자의 위치에서 할 수 있는 최선을 다하고 있다. 모두가 잘 버텨주고 있음에 그저 감사하다. 힘이 되어주는 사람들이 있음에 감사하다.

> "네가 대수롭지 않게 받아들이면 남들도 대수롭지 않게 생각해. 네가 심각하게 받아들이면 남들도 심각하게 생각하고. 모든 일이 그래. 항상 네가 먼저야. 옛날 일, 아무것도 아냐. 네가 아무것도 아니라고 생각하면 아무것도 아냐."
>
> ― 드라마 「나의 아저씨」 中 ―

며칠 있으면 아버지가 암 수술을 하신다. 아무것도 아니다. 지금까지 그래왔듯 앞으로도 잘 이겨낼 것이다. 유쾌하게, 서로를 존중하며, 감사하며…

코로나에 발목 잡힌 아버지의 암 수술
- 우린 그때그때 최선의 결정을 했고, 그걸로 됐다

> 검사를 받을 때마다 1달러씩 챙겼다면 지금쯤 부자가 되었을 정도다.
>
> - 질 볼트 테일러, 『나는 내가 죽었다고 생각했습니다』 中 -

수차례의 검진 끝에 아버지 암 수술 날짜가 잡혔다. 하지만 수술을 며칠 앞두고 엄마의 몸 상태가 좋지 않았다. 코로나 증상이었다. 코로나에 한 번도 걸린 적이 없는 부모님이었고 코로나는 이제 거의 감기처럼 지나가는 거라 생각해 코로나 리스크는 아예 안중에도 없었는데… 암 수술을 앞둔 아버지에게는, 간병해야 하는 엄마에게는, 모든 상황을 나누어 감당해야 할 우리 가족에게는 상황이 달랐다.

엄마는 본인의 몸 상태보다 수술을 앞둔 아버지에게 옮기지 않을까를 더 걱정했다. 다행히 두 분 모두 코로나 음성이 나왔지만 엄마의 증상은 심상치 않았고 만약 수술 직전 엄마가 코로나 양성이 나온다면 그건 최악이었다. 보호자 없이 수술할 수도 없을뿐더러 엄마의 격리 해제 시까지 형과 내가 돌아가며 아버지를 간병해야 하는데 우리가 길게 휴가를 쓸 수 있을지, 격리를 마치고 돌아온 엄마가 간병이 가능할지, 병원에선 잦은 간병인 교체를 허락해 줄지… 모든 것이 불확실했고 수술 강행은 위험부담이 너무 컸다.

엄마에게 조심스레 수술 날짜를 연기하는 것이 어떨지 슬쩍 제안드려 봤지만 돌아오는 건 엄마의 한숨과 침묵. 엄마의 침묵에는 늘 해석이 필요하다. 엄마는 하루라도 빨리 수술해야 한다는 생각이었고 수술 날짜가 연기될 경우 병원이 아닌 집에서 혼자 계속 아버지를 케어하는 것도 부담인 것 같았다. 엄마가 코로나에 걸리더라도 형과 내가 일정 기간 돌아가며 간병해 주길 바라는 눈치였다.

어떻게 하는 게 좋을지 형과 상의해 봤지만 그 선택이 무엇이든, 그 결과가 어떻든 간에 우린 엄마 마음이 가는 쪽, 엄마가 편한 쪽으로 결정하자고 마음을 모았고 결국 수술을 강행하기로 했다.

하지만 우려가 다시 현실이 되었다. 수술 전날 아버지는 음성 판정이 나왔지만 엄마가 양성이었다. 엄마는 어떡하냐며 울기만 했고 아버지도 엄마가 옆에 있어야 한다며 같이 울었다. 우린 수술을 미뤘어야 했다.

혹시 모를 상황에 대비해 PCR 검사를 받아놓은 형이 아버지를 모시고 입원했다. 수술 후 간병은 차차 생각하기로 했다. 우린 일단 눈앞에 떨어진 숙제만 생각해야 했다.

지금까지 광주에서 서울까지 수도 없이 오가며 검사란 검사는 다 받았는데 수술 전 받아야 할 검사가 산더미였다. 하지만 문제는 그게 아니었다. 오후부터 아버지는 열이 오르기 시작했다.

모든 검사를 마치고 이제 수술만 앞둔 상황이었는데 코로나가 의심돼 다시 PCR 검사를 받았다. 결과가 나올 때까지 형과 아버지의 어색하고 불편한 침묵의 시간이 이어졌다. 결국 밤늦게야 아버지는 코로나 양성 통보를 받았다. 수술은 취소됐고 형은 아버지를 다시 광주로 모셨다. 형은 새벽이 되어서야 다시 서울에 도착했다. 얻은 것 하나 없는 한바탕 대소동이었다.

아버지와 엄마는 이산가족 상봉이라도 한 듯 부둥켜안고 울었고 아버지는 사지에서 살아 돌아온 안도감을 느끼는 것 같았다. 해결된 건 하나도 없는데, 코로나로 수술 일정만 미뤄졌는데, 전혀 기뻐할 상황이 아닌데 왜 이러시는 건지… 참 아이러니한 상황이었다.

애초에 엄마를 설득해 수술을 미뤘어야 했나? 엄마 마음이 편한 쪽으로 결정하는 것이 꼭 좋은 결과를 담보하진 않는데… 하지만 이 난리통도 꼭 모두가 고생만 한, 안 좋기만 건 아니지 않을까? 어떤 숨겨진 좋은 면이 있지 않을까?

이 불확실한 상황, 의견이 다른 상황에서 우린 상대의 마음을 먼저 생각했고 서로 마음 상하지 않도록 배려하는 모습을 보였다. 우린 잘 헤쳐 나가고 있고 앞으로 더 큰 일들이 벌어져도 지금까지 그래왔듯 잘 이겨낼 거라는 믿음을 다시 한번 갖게 된 것이 이 소동의 의미 아닐까 싶다.

우린 그때그때 최선의 결정을 했고 결과는 우리의 영역이 아니다. 누구의 탓도, 후회도 하지 않고 서로를 다독이며 견뎌내는 우리 가족. 이 이상 우리가 무얼 할 수 있겠나. 이거면 된 거다.

아버지가 처음으로 엄마에게 건넨 한마디
- 아버지는 찐이었다

> 영영 주목받지 못할 존재에게 살아보라는 말은 산소 없는 곳에서 숨 쉬고 살라는 말과 다르지 않다. 생존이 불가능하다. 실력이나 재능이 뛰어나지 않고 비상한 머리, 출중한 외모가 없어도 그것과 상관없이 존재 자체만으로 자신에게 주목해 주는 사람이 한 명은 있어야 사람은 살 수 있다. 생존의 최소 조건이다.
> - 정혜신,『당신이 옳다』中 -

수술 당일 엄마에게 연락이 왔다. 아버지 수술 잘되게 기도해 달라고. 엄마는 지인들에게도 연락을 돌린 것 같았다. 엄마가 할 수 있는 건 기도밖에, 기도를 부탁하는 것밖에 없었다.

교회에 발길을 끊은 지 오래인 내가 눈을 감고 두 손 모아 기도를 해본 지가 몇 년 만인가 싶다. 엄마의 간절함 때문에라도 기도를 드리지 않으면 안 될 것 같았다. 민망하지만 사무실에서 두 손 모아 기도했다. 제발 수술이 잘되기를, 아버지가 잘 이겨내기를, 엄마와 우리 가족이 잘 이겨내기를…

어떻게 알고 지인들로부터 아버지 수술은 잘 끝났냐 묻는 연락이 왔다. 정작 나는 아버지 수술 날을 말한 기억도 없는데, 자기 일도 아닌데 이렇게까지 마음을 써주다니… 이런 마음 씀이 기도라는 생각이 들었다.

가만히 눈을 감기만 해도 기도하는 것이다.
왼손으로 오른손을 감싸기만 해도
맞잡은 두 손을 가슴 앞에 모으기만 해도
말없이 누군가의 이름을 불러주기만 해도
꽃 진 자리에서 지난 봄날을 떠올리기만 해도
기도하는 것이다.
음식을 오래 씹기만 해도
솔숲 지나는 바람소리에 귀 기울이기만 해도
갓난아기와 눈을 맞추기만 해도
자동차를 타지 않고 걷기만 해도
섬과 섬 사이를 두 눈으로 이어 주기만 해도
그믐달의 어두운 부분을 바라보기만 해도
우리는 기도하는 것이다.
바다에 다 와가는 저문 강의 발원지를 상상하기만 해도
별똥별의 앞쪽을 조금 더 주시하기만 해도

> 나는 결코 혼자가 아니라는 사실을 받아들이기만 해도
> 나의 죽음은 언제나 나의 삶과 동행하고 있다는 평범한 진리를
> 인정하기만 해도 기도하는 것이다.
> 고개 들어 하늘을 우러르며
> 숨을 천천히 들이마시기만 해도.
>
> — 이문재, 「오래된 기도」 —

8시간의 암 수술이 끝났다. 이미 암 수술을 한번 받은 경력에, 고령에 뇌경색을 앓고 있고 최근 코로나까지 걸린 아버지가 잘 회복할 수 있을지 걱정이었다.

중환자실에서 일반병실로 옮길 때까지는 보호자가 함께할 수 없어 엄마는 당분간 우리 집에 머물기로 했다. 아무리 편한 사이라지만 그래도 남이고, 심지어 시어머니인데 흔쾌히 동의해 준 아내에게 참 고마웠다.

엄마가 우울한 생각이 들지 않게 산책도 가고 마사지 숍도 가고 식사도 같이하며 시간을 보냈지만 엄마는 자주 눈을 꼭 감고 계셨다. 틈만 나면 기도를 드리시는 모양이었다. 아버지가 회복되신다면 분명 엄마의 간절한 기도 덕일 것이다.

며칠이면 일반병실로 옮길 거라던 예상과는 달리 아버지는 일주일이 지나도록 중환자실에서 나오지 못했고 언제 일반병실로 옮길지도 알 수 없는 상황이라고 했다.

불확실한 상황에 언제까지 우리 집에서 엄마가 계실 수도 없는 노

릇이었다. 엄마는 다시 광주 집으로 내려가기로 했고 나는 엄마를 모시고 함께 광주로 내려갔다. 엄마를 집에 모셔드리고 바로 친구 아버지 장례식장으로 향했다. 아버지가 중환자실에 있는 기간에만 도 친한 친구 둘의 아버지가 돌아가셨다. 어느덧 우리가 부모님을 떠나보내는 나이가 되었구나. 모두가 각자 나름대로 힘든 시기를 말없이 이겨내는 중이었구나. 나만 앓는 소리를 하고 있었구나.

  2주 정도 지나자 병원에서 연락이 왔다. 일주일에 한 번 15분 면회가 가능하단다. 엄마는 그 15분을 위해 광주에서 서울로 올라오셨다. 올라오는 동안 엄마는 어떤 생각을 하셨을까? 얼마나 많은 기도를 드렸을까?

  서로를 마주한 엄마와 아버지는 손을 잡고 눈물을 흘렸다. 식도암 수술로 목에 관을 삽입하고 산소호흡기를 찬 아버지는 목소리가 나오지 않았지만 엄마에게 하고 싶은 말이 많은지 계속 알아듣지 못할 쉰 소리를 냈다.

  말하면 안 된다고, 하고 싶은 말이 있으면 글로 쓰라고 종이와 펜을 가져다드렸다. 펜을 쥘 힘도 없으셨던 아버지는 크게 한 자씩 적었다.

  "석. 정. 마."

  이 와중에 아버지가 제일 먼저 하고 싶은 말은 울며 걱정하는 엄마를 안심시키는 말이었다. 아버지가 평생 엄마 속을 썩였지만 아직도 두 분의 관계가 애틋한 이유가 바로 아버지의 이런 면 때문 아닐까 싶다. 아버지는 이어서 펜으로 글씨를 썼다.

"성, 격."

간호사 성격이 좋다고, 고생이 많으니 고맙다는 사례를 하라는 의미였다. 늘 감사하며 베풀고 싶어 하는 아버지. 밖에는 다 퍼주고 정작 자신은 빈손인, 실속은 없고 체면만 차리는 아버지가 가끔은 한심하고 원망스럽기도 했다. 하지만 이런 상황에서까지 일관된 모습의 아버지를 인정하지 않을 수 없었다.

수술 후 3주 정도 지나 연락이 왔다. 아버지를 일반병실로 옮겨도 될 것 같단다. 공교롭게도 이날은 부모님의 결혼기념일이었다. 하나님이 주신 결혼기념일 선물인가? 또 한 번의 극적 상봉이 이뤄진 순간이었다. 하지만 만남의 기쁨은 잠시, 다시 길고 긴 간병의 시간이 시작됐다.

아버지가 사라졌다
- 막으려는 엄마, 뚫으려는 아버지, 결국 뚫렸다

> 아내가 두통 발작으로 시트를 차내고 머리카락을 쥐어뜯을 때도, 나는 아내의 고통을 알 수 없었다. 나는 다만 아내의 고통을 바라보는 나 자신의 고통만을 확인할 수 있었다.
>
> - 김훈, 『화장』 中 -

식도암 수술 후 3개월의 병원 생활을 마치고 드디어 아버지가 퇴원하는 날이다. 아직도 뱃줄을 차고 있고 망상은 더 심해진 아버지를 보며 엄마는 퇴원의 기쁨보다 앞으로 벌어질 일에 대한 걱정이 앞섰다.

집에 도착한 아버지는 계속 마실 것만 찾았다. 목 넘김이 어려워 죽도 겨우 먹을 수 있는 상태고, 힘들더라도 삼켜 넘기는 연습을 해야 하는데 절대로 말을 들을 아버지가 아니었다.

물을 잘못 마시다 폐렴으로 번질 수 있어 숟가락으로 조금씩 넘겨야 한다. 그것도 설사와 구토로 이어지는 상황이었다. 하지만 아버지는 괜찮다며 계속 마실 것만 찾았다.

"물 한 숟가락만 줘."

마신 지 얼마나 됐다고 또 물을 찾았다.

"내가 두 숟가락 달란 것도 아니고 한 숟가락만 달라는데 그것도 못 주냐!"

이번엔 아이스크림을 찾았다. 한번 고집을 부리면 말리기가 힘들고 계속 불필요한 감정 소모를 하는 것보다 차라리 드리는 게 낫다는 경험치가 쌓여 결국 아이스크림을 사 드렸다.

맛있다, 이것 봐라, 괜찮지 않냐며 큰소리를 쳤지만 이렇게 드시고 속이 괜찮을 리 없었다. 잠시 후 설사와 구토, 곧 숨이 넘어갈 듯 심한 기침이 이어졌다. 괜찮냐고 놀라서 달려간 엄마에게 아버지는 겨우 한마디 내뱉었다.

"아이스크림!!!"

그 와중에도 아이스크림 더 달라 외치는 아버지도 참… 일관된 캐릭터는 인정이다 진짜.

집에 있는 동안 엄마의 시름은 깊어갔다. 영양을 생각해 정성 들여 만든 죽은 먹기 싫다며 거부하고 계속 마실 것만 달라고 떼를 쓰는 아버지. 힘들다, 운동은 싫다며 누워만 있는 아버지. 도움 없이는 아무것도 못 하면서 택시 운전을 하겠다, 은행 가서 대출을 받겠다, 중고차부터 사야겠다… 고집불통인 아버지를 엄마 혼자 감당하기엔 너무도 힘든 나날들이 계속됐다.

그러던 중 병원에서 연락이 왔다. 아버지 암이 임파선으로 전이된 것 같다고 했다. 다시 또 광주와 서울을 오가는 지루한 검사의 나날들이 시작됐다. 부모님은 일주일에 한 번꼴로 올라오셨고 형과 나는 돌아가며 부모님을 모셨다. 드디어 최종 검사 결과가 나와 상담받는 날이다.

KTX 역에 마중 나온 나를 본 아버지는 손을 흔들며 유난히 반가워했다. 내 손을 꼭 잡으며 잘 있었냐, 고생 많다, 네 얼굴을 보니 마음이 편안해진다며 눈시울을 붉혔다.

엄마 속을 썩이고 힘들게 할 때면 원망하는 마음이 목구멍까지 올라오는데 이런 모습을 보니 마음이 짠했다. 차라리 말 못 하고 누워 계시거나 아예 나쁜 사람으로 변해버렸으면 오히려 내 마음이라도 정리가 될 텐데, 멀쩡했다 이상해지기를 반복하는 아버지의 장단에 내 마음도 요동쳤다. 내가 이런데 엄마는 오죽하실까…

의사는 아버지의 몸 상태, 전이 정도 등을 고려할 때 항암치료는 실익이 없다고 판단했고 지속적으로 상황을 지켜보는 게 좋겠다고 했다. 의사의 말을 들은 우리는 각자 다른 반응을 보였다.

어떤 결과를 듣던 심란하긴 마찬가지였겠지만 나는 '지속적으로' 지켜보자는 말이 아주 무겁게 다가왔다. 이걸 언제까지 계속해야 한다는 말인가… 아버지는 당장에 항암치료를 받지 않아도 된다는 사실에 매우 흡족해하며 기분이 들떴다. 엄마는 아버지의 들뜬 모습을 보며 걱정이 앞섰다. 이제 아버지는 본인이 다 나은 줄 알고 본격적으로 활동을 시작하려 할 거라며…

아니나 다를까 아버지의 망상과 집착은 더 심해져 엄마를 들들 볶았다. 면허증 가져와라, 택시회사에 가야겠다, 은행에 가서 통장부터 만들어야겠다, 대출받아서 중고차를 사야겠다, 출마하겠다… 레파토리의 반복이었다.

아버지를 설득하는 엄마에겐 정신병자 취급하지 마라, 간병한다고 위세 떨지 마라, 당장 나가라, 근처에도 오지 말라며 막말을 쏟았다. 모시고 돌아다니며 아버지의 착각이고 망상임을 아무리 확인시켜 드려도 자기만의 세계에 갇혀 늘 제자리인 아버지를 어찌해야 하나. 망상이 현실이 될 일은 없으니 불필요한 마찰을 줄이는 쪽으로, 그때그때 기분을 맞춰드리는 쪽으로 대응하는 게 낫지 않을까도 싶었지만, 망상이 현실이 될 수 있는 게 현실이었다.

뇌졸중 환자의 면허를 박탈하거나 운전을 금지하는 법은 없었다. 은행 직원에게 문의해 봤지만 본인이 대출을 원하면 안 해줄 수 없단다. 카드론 한도 제한 역시 안 된단다. 중고차는 말할 것도 없다. 고객이 사겠다는데 팔지 않을 딜러가 있을까?

막고 버텨야 할 사람은 결국 엄마였다. 엄마는 대한민국 법을 원망했다. 당연히 아버지와의 마찰은 계속됐다.

그러던 어느 날, 막으려는 엄마와 뚫으려는 아버지 간에 언성이 높아졌다. 그리고 그날 밤, 아버지는 결국 사고를 쳤다. 엄마가 잠든 사이 몰래 집을 **빠져나간** 것이다.

불행인지, 다행인지…
- 문제는 또 다른 문제로 덮여가고…

매사 잘 참고 견뎠다. 인내와 끈기 하면 나였다. 근데 자꾸만 자신이 없어진다. 사실 내가 두려운 건 죽음 같은 게 아니다. 매일 조금씩 진행되는 나에 대한 믿음의 상실, 자신감의 상실 같은 것이다.

- 신민경, 『새벽 4시, 살고 싶은 시간』 中 -

'삐비빅'

엄마는 잠결에 문소리를 들었지만 나가보지 않았다. 아버지와 한 차례 마찰이 있었고 아버지가 근처에도 못 오게 한 터라 '곧 다시 들어오시겠지' 하면서도 혹시나 하는 마음에 신경을 곤두세우며 자는 척 누워 있었다.

한참 시간이 흘러도 아버지가 다시 들어오지 않자, 엄마는 걱정되어 밖으로 나가보았다. 멀리 가진 못했을 거란 예상과 달리 아파트 복도엔 아버지가 보이지 않았다. 설마 엘리베이터를 타고 내려가신 걸까?

혼자 잘 걷지도 못하고 편측무시까지 있는 아버지가 이 밤중에 혼자 나가는 건 바로 사고로 이어질 수 있는 위험한 일이었다. 엄마는 1층으로 내려가 아버지를 찾아 헤맸다. 12시가 넘은 깜깜한 밤 아파트 단지엔 아무 소리도, 인적도 없었다. 엄마는 미친 듯이 주변을 뒤졌고 다행히(?) 길에 쓰러져 있는 아버지를 발견했다.

아버지의 눈가는 찢어져 있었고, 모자엔 피가 흥건했다. 놀란 엄마는 아버지를 끌어안고 울었다. 아버지는 그 와중에도 이게 다 엄마 때문이라며 엄마에게 죄를 뒤집어씌웠다.

아버지는 뇌졸중 이후 집착에 가깝게 모자를 챙겨 썼는데 그 병적인 집착이 아버지를 살렸다. 넘어질 때 모자챙이 바닥에 먼저 닿으며 뇌진탕을 피할 수 있었다. 하지만 목이 꺾이며 목뼈가 부러지는 것까지 피할 수는 없었다. 불행인지 다행인지 모를 상황이 계속됐다.

아버지는 또다시 입원했다. 어쩌면 이게 잘된 건지도 모른다는 생각이 들었다. 집에서 감당하기 힘든 임계점에 다다른 이때 아버지가 병원에 입원한 것이 오히려 엄마의 숨통을 조금이나마 틔워줄 수 있을 것이다. 병원에서는 외출이라도 막을 수 있을 테니.

이번 일로 아버지도 느끼는 바가 있으면 좋으련만 그 상황에서도 아버지는 여전했다. 필요 없다고 가라고 할 땐 언제고 안마해 달라, 주물러 달라, 병원 밥은 맛없으니 나가서 맛있는 거 먹자, 집에 가자, 은행 가자… 계속 엄마를 찾았다. 엄마가 병원 핑계를 대며 아버지의 탈출만이라도 막을 수 있다는 게 그나마 다행이었다. 하지만 퇴원 이후가 걱정이었다. 입원해도 걱정, 퇴원해도 걱정. 걱정은 기본값이 되었다. 벌써부터 퇴원 후를 걱정하는 엄마에게 말했다.

"언제 우리가 걱정하고 예측한 대로 흘러간 적이 있었나요? 그때 가서 생각하시죠."

일이 근본적으로 해결되지 않은 채 또 일이 터지고, 문제가 문제를 덮는 일이 반복되며 나는 점점 무감각해지고 있었다.

> 이런 상황을 겪었을 때 할 수 있는 것이라고는 단 한 가지밖에 없었다. 가능한 한 담담히 있는 그대로의 복잡함과 불편함과 예측 불가능함을 받아들이고 그것을 '자연스러운 것'으로 자신에게 적응시키는 것. 어차피 답을 알 수 없는 내일이니, 아무것도 상상하지 말고 그저 오늘 하루를 살아가는 것. 한마디로 단정 짓기 어려운, 모순된 감정이 내 안에 함께 존재한다는 사실을 용서하는 것. 의연함만이 이 시간을 버티게 해주리라는 것. 있는 그대로를 받아들이는 것은 말은 그럴싸하지만 사실상 나를 그 상황에 꾸역꾸역 길들이면서 적절히 정신 건강을 보존하기 위한 현실도피 능력을 키우는 것이었다.
>
> — 임경선,『태도에 관하여』中 —

아버지가 뇌경색으로 쓰러졌을 땐 빨리 완쾌하시기를 빌며 뇌졸중과 뇌과학 관련 책을 읽고 정보를 검색하며 최선이 무엇일지 고민했다. 엄마의 고통에 공감하고 어떻게 하면 짐을 조금이라도 덜어드릴 수 있을지 고민했다. 아버지의 입장이 되어 최대한 아버지를 이해해 보려 노력했다.

하지만 답 없는 상황, 고민하고 괴로워해도 나아지지 않는 상황이 길어지자 아버지 일에 대해 가급적 잊고 지내려, 깊게 생각하지 않으려 했고 아버지가 내 삶을 휘두르지 않도록 일부러 생각의 가지를 잘라냈다.

아버지의 검진 일정에 맞춰 내 일정을 조정하고 만나 뵈었을 때 웃는 얼굴로 최선을 다하는 정도, 엄마가 도움을 청했을 때 도움이 되어드리는 정도. 딱 그 정도를 내 몫이라 단순화하기 시작했다.

어느 순간부터 내게 아버지라는 존재가 감성보다는 이성적 접근 대상이 되어버렸다는 사실이 문득 씁쓸하게 느껴졌다.

"나 죽으면 엄마한테 잘해드려라."

– 삶에서 가장 중요한 키워드

인생은 짧다. 사랑하는 사람들에게 충분한 즐거움을 안겨주지도 못할 만큼 짧다.

– 톨스토이 –

아버지는 다시 퇴원해 집으로 돌아왔다. 엄마는 아버지에게 한시도 눈을 뗄 수 없었지만 그래도 병원보다는 집이 편하다고 했다. 병원은 아버지에게도, 엄마에게도 감옥이었다.

아버지는 점점 더 야위어 갔다. 목뼈가 부러져 입원해 있는 동안 근육은 더 빠졌고 이젠 걷는 것은 물론 서 있는 것조차 힘들어했다. 하루 종일 누워서 잠만 자려는 아버지를 지켜보는 엄마의 시름은 점점 깊어져 갔다.

하지만 아이러니하게도 지금 이 시기는 아들인 나에게 제일 편한 시기이기도 했다. 아버지 건강이 회복돼도 걱정(택시 운전이다, 선거다, 자꾸 나가려 하실 테니), 건강이 악화돼도 걱정이었다. 그냥 지금처럼 별 탈 없는 소강상태가 최대한 길게 지속되길 바랐다.

아버지가 회복될 수 있다는 희망 하나로 버텨내고 있는 엄마에겐 너무 가혹한 생각이지만 모처럼 찾아온 평화, 언제 없어질지 모르는 이 시간이 내겐 감사하고 소중했다. 지금의 시기를 즐기고 이 안에서 각자 누릴 수 있는 행복을 찾는 것이 우리에게 최선이 아닐까 하는 생각이 들었다.

이런 이기적인 마음, 솔직한 본능이 올라올 때면 뒤따라 엄마와 아버지의 얼굴이 떠올랐다. 내가 해서는 안 될 생각을 하는 것 같았다. 아버지 건강이 회복되는 것도, 악화되는 것도, 이도 저도 아닌 것도… 그 어떤 것도 바라면 안 될 것 같은 이상한 상황. 어떤 방향으로 생각이 뻗어도 마음이 무거워져 난 가급적 아무 생각도 하지 않으려 애썼다. 하지만 이 소강상태도 그리 길게 가진 못했다. 의사는 아버지 암이 가슴과 췌장으로 전이된 것 같다고 했다.

엄마는 아버지께 이 소식을 전할 용기가 없었다. 당사자인 아버지만 전이 사실을 모른 채, 난 부모님을 모시고 병원을 찾았다.

아침부터 하루 종일 3명의 교수를 만나야 했다. 첫 번째 교수는 9년 전 하인두암을 수술했던 담당의였다.

"제가 수술했던 곳은 전이도 없고 이상 없습니다."

아버지는 교수님께 감사 인사를 드리고 나오며 상기된 표정으로 말했다.

"봐라, 이제 다 나았다고 하지?"

아버지의 밝은 모습에 엄마는 괴로워했다.

"아직 몰라. 다른 교수님 말씀도 들어봐야 알아."라고 에둘러 말했지만 아버지는 방금 같이 들어놓고 무슨 소리냐며 버럭 화를 냈다. 아버지의 포인트는 "이상 없습니다."였지만 우리의 포인트는 "제가 수술했던 곳은"이었다.

"아버지, 이 교수님은 하인두암을 말씀하신 거고 식도암은 전이가 됐을 수도 있대요. 그래서 오늘 교수님께 직접 들으러 온 거예요."

아버지는 당황한 듯 물었다.

"따로 연락을 받은 거냐?"

우린 한동안 말이 없었다.

두 번째로 간 곳은 완화의료 치료센터였다. 의사 면담 전에 만난 간호사는 연명의료 결정 제도*에 대해 설명하기 시작했다.

"임종 과정에 있는 환자가… 삶을 존엄하게 마무리할 수 있도록…"

'임종' '마무리' 같은 무거운 단어가 나올 때마다 부모님의 표정은 어두워졌다. 당황한 엄마는 말을 끊고 물었다.

"이걸 왜 지금 저희한테 말씀해 주시는 거죠?"

꼭 지금 동의서에 서명하라는 게 아니라는 말도, 성인 누구나 쓸 수 있는 거란 말도, 2018년 법이 시행된 아무리 좋은 취지도 부모님 귀엔 들어오지 않는 것 같았다.

"지금 처음 들으시는 건가요? 교수님께서 안내를 드리라고 하셔서…"

---

* 사전연명의료의향서: 본인이 스스로 회복할 수 없는 상태에 이르게 되었을 때 무의미하게 생명을 연장하는 치료를 받지 않겠다는 의사를 명확하게 밝히는 서류

간호사의 기어들어 가는 이 말 한마디만 '쿵' 하고 무겁게 가슴에 떨어졌다. 훌쩍이는 엄마 앞에서 간호사는 설명을 이어갔다. 하루에도 우리 같은 사람을 수십 명을 볼 텐데 이 일도 참 극한 직업이라는 생각이 들었다.

잔뜩 겁을 먹은 채 교수님을 만났다. 엄마는 저 멀리 구석에 서서 고개를 떨구고 있었다. 피하고 안 들으면 없던 일이 될 수 있다고 믿는 것처럼.

갈비뼈 쪽에 암이 전이되어 혹이 생겼고 췌장에도 암으로 의심되는 혹이 있다고 했다.

"이 정도면 많이 아프실 텐데 괜찮으세요?"

"통증이 심하면 바로 연락 주시고 오세요."

아직 별다른 통증을 못 느끼는 아버지였지만 교수님의 말에 없던 통증도 생길 것 같았다. 조금 전까지 다 나았다고 상기됐던 아버지는 이제 다 죽어가는 사람처럼 말이 없었다. 아버지 몸 상태로는 항암치료도, 방사선 치료도 불가능했고 암 전이 속도가 느리기만을, 췌장에서 발견된 것이 암이 아니기만을 바랄 뿐이었다.

다음 진료를 위해 대기하는 시간이 더 길게 느껴졌다. 울며 기도하는 엄마, 긴 침묵 중인 아버지. 긴 침묵을 먼저 깬 사람은 아버지였다.

"이제 교회 가서 기도하는 수밖에 없겠다. 내가 그때 죽었어야 했는데… 흑흑…"

지금까지 의연해 보였던 아버지는 무너졌다.

"그런 소리 하지 마! 자기는 운이 좋아. 다 비껴갈 수 있어. 지금까지 죽을 고비 넘기고 다 이겨냈잖아."

사람들은 손을 잡고 울고 있는 노부부의 모습을 안타까운 듯, 무슨 사연인지 궁금하다는 듯 쳐다보았다.

"암에 뭐가 좋다고 했지? 채소는 뭘 먹어야 하지?"

갑자기 아버지는 삶에 의지를 보였다. 난 그런 아버지의 모습을 보며 엉뚱한 쪽으로 생각이 진행됐다.

살고 싶은 건 인간이라는 동물의 본능인가? 하루 대부분을 누워만 있는, 누구의 도움 없이는 아무것도 할 수 없는 아버지인데… 지금까지 두 번의 암 수술, 뇌졸중, 병원 생활, 지난하게 이어지는 검진과 추적관찰, 앞으로 또 있을지 모르는 추가 수술까지… 이 고생을 하며 이어나가는 삶의 의미는 뭘까? 이런 삶을 하루라도 더 연장하는 것이 아버지에겐, 또 우리에겐 어떤 의미가 있을까?

내가 아버지 곁에서 손잡고 같이 울어줄 수 있는 사람, 아버지가 의지할 수 있는 사람이었다면 좋았겠지만 난 그저 삼인칭 관찰자가 되어 이 상황을 바라보고 있었다. 자식이란 놈이 이런 생각을 하는 게 정상적인 사고방식을 가진 놈인가 하는 생각도 들었다.

어쩌면 이게 다 아버지에 대한 불만, 안타까움 때문일 수도 있다. 아버지 때문에 온 가족이 매달린 상황에서 여전히 담배를 찾고, 반찬 투정을 하고, 귀찮고 힘들다며 운동하려는 의지도 없으면서 택시 운전이다, 정치다, 대학원에 가겠다는 허황된 꿈만 늘어놓는 아버지. 그런 아버지가 아니었다면, 지금 상황에서 할 수 있는 의미 있는 일을 찾고 작은 노력을 해나가는 아버지였다면 지금과는 다르지 않았을까?

그렇다면 현실적인 꿈을 꾸고 생산적인 하루를 보내야만, 주변 사람들에게 피해를 주지 않아야만 의미 있는 삶이라고 말할 수 있을까? 내가 뭐라고 한 사람의, 그것도 아버지의 삶의 의미를 내 멋대로 판단하고 있는가? 그러는 나는 또 얼마나 의미 있는 삶을 살고 있기에…

세 번째로 만난 교수는 식도암 수술 주치의였다. 췌장 전이 여부는 추가 검사를 해봐야 알고 만약 가슴 쪽에만 암이 전이된 거라면 간단한 수술로 제거 가능하다며 희망을 줬다. 하지만 췌장에 전이가 된 거라면 그땐 통증 완화치료밖에는 방법이 없다고 했다. 부모님은 희망의 끈을 놓지 않았다.
 부모님을 용산역에 모셔드리는 차 안에선 정적이 흘렀고 나도 마음이 복잡했다. 용산역에서 아버지 손을 잡고 말했다.
 "아버지, 저 갈게요. 아직 모르는 거예요. 의사 선생님 말씀처럼 운동도 하시고 몸 관리 잘하셔야 해요."
 한동안 말이 없던 아버지는 와르르 무너졌다.
 "나 죽으면, 엄마한테 잘해드려라."
 아버지는 참았던 눈물을 터트렸다. 하지만 엄마는 이번엔 같이 울지 않았다. 무슨 약한 소리를 하고 있냐고, 마음 단단히 먹으라며 아버지를 다그쳤다. 그런 엄마를 보니 조금은 마음이 놓였.

아버지는 어떤 심정일까? 죽음이 두려운 걸까? 내가 아버지라면 어떤 마음이 들까? 나의 남은 생을 어떻게 마무리할 것인가?

난 죽음이 두려울 것 같진 않지만, 사랑하는 사람들을 남겨두고 떠난다는 것, 그들의 모습을 더 이상 볼 수 없다는 것이 마음 아플 것 같다. 더 잘해줄걸, 더 많이 사랑을 표현할걸. 미안함과 후회. 아버지 역시 그런 마음 아닐까? 결국 삶의 의미, 더 살아야 하는 이유, 삶에서 가장 중요한 키워드는 사랑이 아닐까?

아버지가 곁에 계신다는 사실만으로도 힘을 내고 아버지 없는 삶은 상상도 못 하는 엄마가 있다는 것만으로도 아버지 삶은 이미 충분한 의미가 있었다.

내가 누군가의 삶의 의미가 되고 있는지, 나는 그만큼의 사랑을 주고 표현하며 후회 없는 삶을 살고 있는지, 하루하루 어떤 마음가짐으로 어떤 삶을 살아야 할지 아버지는 또 내게 큰 삶의 화두를 던져주셨다.

시시포스의 형벌 속에서도
– 나를 울린 할머니의 한마디

누구나 살면서 적어도 한 번은 기립박수를 받아야 한다.
우리는 모두 세상을 극복하니까.

– R. J. Palacio, 『Wonder』 中 –

우린 결정해야 했다. 수술이냐, 항암치료냐. 의사는 우리에게 선택권을 줬지만 어떤 선택도 쉽지 않았다. 아버지는 뇌경색에, 두 번의 암 수술 경력까지 있는 체력이 바닥난 고령 환자였다. 인생이 도박 같았다. 내 의지로 할 수 있는 건 배팅뿐, 결과는 하늘의 뜻이다. 아버지는 '암을 가장 확실히 제거할 수 있는 방법은 수술'이라는 의사의 말을 듣고 수술에 배팅했다.

우린 겨우 앞으로 나아가면 다시 도돌이표를 만나 쳇바퀴를 돌았다. 이 쳇바퀴에 어느 정도 익숙해지긴 했지만 지금까지 걸어온 길이 허무했고, 앞으로 남은 길이 막막했다. 이 무한굴레에서 언제쯤 벗어날 수 있을까? 수술과 항암, 그 고통의 무게를 알고 있는 아버지는 얼마나 두려울까? 또다시 모든 짐을 짊어져야 할, 온갖 상상의 늪에 빠져 두려움에 떨고 계신 엄마의 심정은 또 어떨까?

이전 암 수술 때는 코로나가 말썽이더니 이번엔 의료 대란이었다. 그 중심에 우리가 있었지만 다행히 겨우 수술 일정이 잡혔다. 수술은 잘 끝났지만 아버지는 폐에 염증이 생겨 위태로운 순간을 여러 번 맞았고 기력은 점점 떨어졌다. 엄마는 아버지 곁에서 병수발을 들며 모든 순간을 함께 견뎠다.

"걱정스럽고, 겁나고, 안타까워 견디기 힘들다."

엄마의 문자를 받고도 내가 할 수 있는 건 없었다. '고생하신다' '곧 좋아지실 거다' '식사 잘 챙겨 드셔라'와 같은 공허한 말 몇 마디뿐. 그것은 내게 '같이 걱정하는 아들이 곁에 있어요' '엄마는 혼자가 아니에요'의 다른 말이었다.

이번에도 엄마의 헌신과 희생 덕분에 나는 여느 때와 같은 일상을 보낼 수 있었고, 엄마의 간절한 기도와 간호 덕분에 아버지의 상태는 조금씩 호전됐다. 퇴원 날 아버지는 내 손을 꼭 잡고 눈물을 흘리셨다. 안온한 일상을 살다가 잠깐 나타난 아들, 한 것도 없는 나에게 바쁜데 고생한다며 미안해했다. 난 죄스러운 마음을 숨기며 애써 밝은 척을 했다.

아버지는 또 한 번 지옥의 터널을 빠져나왔지만, 끝이 아니라 또 다른 시작이었다. 의사도 간호사도 없는 집에서는 엄마가 의사고 간호사였고 영양사이자 재활치료사였다. 다시 엄마의 모든 시계는 아버지에게 맞춰졌다. 입맛이 없다며 식사를 거부하는 아버지에게 한 숟가락이라도 더 드리려, 힘들다고 누워만 있는 아버지를 한 걸음이라도 더 걷게 하려 엄마는 온갖 노력을 쏟았다. 아버지도 엄마의 지극정성에 화답하듯 몸도 마음도 안정을 찾아갔다. 두 분은 그 어느 때보다도 안정되고 행복해 보였다. 가끔 장애인 택시를 불러 외식도 했고, 일요일엔 휠체어를 밀고 교회에도 갔다. 영상으로 보는 아들 내외와 손자의 얼굴, 행복하게 잘 지내는 모습에 울고 웃으며 평온한 일상을 보냈다.

　얼마 전 일본에 계시던 할머니가 한국으로 들어오셨다. 올해 94세가 되신 할머니는 건강이 좋지 않았고 치매 증상도 있었다. 가족과 함께 할머니를 찾아뵀다. 나를 기억이나 하실까 하는 우려와 달리 할머니 상태는 좋아 보였다. 아버지보다 잘 걸으셨고 아버지보다 유머러스하셨다. 할머니는 손자 내외와 증손자들을 만난 지금 현실이 믿어지지 않는다는 듯 몇 걸음 걷고 나 한 번, 다시 몇 걸음 걷고 증손자 한 번을 보시며 연신 "행복하다."며 눈물을 훔치셨다.
　하지만 정작 아버지는 자신의 어머니를 아직 뵙지 못했다. 거동이 불편한 탓도 있었지만 초라한 모습을 보이고 싶지 않은 자식의 마음 때문이었을 것이다. 당당한 모습으로 어머니 앞에 서고 싶었을 것이다. 그런 때가 온다면 다행이겠지만, 가장 좋은 때는 늘 지금이다. 난 아버지께 영상통화를 걸어 할머니 얼굴을 보여드렸다.

"철호야!"

"엄마!"

아버지는 할머니를 보자마자 아이처럼 엉엉 울었다. 할머니가 몇 년 만에 본 아들의 모습은 일그러진 얼굴로 울고 있는 백발노인의 얼굴이었다. 내가 만약 다 늙어버린, 병상에 누운 내 아들을 보게 된다면, 반대로 병상에 누운 채 엄마를 보게 된다면 어떤 심정일까? 그 어느 쪽의 슬픔도 가늠하기 힘들었다. 하지만 할머니는 마치 모든 것을 초월한 듯 담담한 표정으로 우는 아들을 달랬다.

"너도 많이 늙었구나. 왜 울어? 울지 마. 우리 웃고 살자. 하하하하, 웃고 살자."

아버지 앞에서 할머니는 의연했고 할머니 앞에서 아버지는 무너졌다. 옆에서 겨우 눈물을 참아가며 핸드폰을 들고 있던 나 역시 이어진 할머니의 한마디에 와르르 무너졌다.

"내 강아지!"

내가 우리 아이들에게나 하는 말인 줄 알았던, '내 강아지' 그 말이 할머니 입에서 나온 순간, 나에게 아버지는 영락없는 아이로 보였다. 할머니에게 아버지는 여전히 눈에 넣어도 아프지 않을, 건강하게 오래오래 살아야 할 '내 강아지'였고, 그것은 아버지가 건강하게 오래오래 살아야 할 이유였다.

아들과 손자, 증손자까지 보신 할머니는 그제야 마음이 놓이셨던 건지, 그날 밤 거짓말처럼 응급실에 실려 가셨다. 그리고 며칠 뒤 눈을 감으셨다. 믿을 수가 없었다. 우리와 헤어지는 순간까지 농담을 던지고 노래도 부르며 즐거워하던 모습이 눈에 선한데…

　아버지는 결국 본인 엄마의 장례식에도 참석하지 못했고 그 빈자리는 형과 내가 대신했다. 장거리 이동도, 장례식장에서 버틸 기력도 문제였지만 일이 꼬이려고 이런 건지, 잘되려고 이런 건지 하필 그날은 엄마가 눈 수술을 받는 날이라 엄마마저 아버지의 눈이 될 수 없었다. 아버지는 혼자라도 가겠다며 울부짖었다. 고모들의 설득으로 아버지는 겨우 고집을 꺾었지만 미어지는 아픔과 밀려드는 자책까지 꺾을 수는 없었다.

　성공해서 찾아뵙겠다는, 엄마를 집으로 모시겠다는 아버지의 꿈은 이렇게 허망하게 끝이 났다. 엄마에게 보여드린 아들의 마지막 모습은 병상에 누워 울고 있는 초라한 모습이었고, 엄마의 임종도, 장례식도 지키지 못한 불효자라는 생각은 아버지를 괴롭혔다. 상실감과 무력감에 젖은 아버지의 모습을 보니 뇌경색으로 실려 가셨던 날 엄마가 했던 말이 떠올랐다.

　"아빠가 불쌍해. 아빠 인생이 짠하고 불쌍해."

　이젠 나도 엄마의 그 마음이 어떤 건지 알 것 같다. 아버지를 간병하며 나눈 스킨십, 수많은 대화, 부대꼈던 시간 덕분에 아버지를 조금은 더 알게 되었고, 이해하게 되었고, 그럴수록 연민의 감정이 싹트게 되었다.

　아버지는 요즘 엄마에게 "나 때문에 고생 많네. 자네 같은 사람이 없네."라며 고마움과 미안함을 표현한다. 아버지도 엄마의 인생을 생각하며 짠하고 불쌍함을 느끼는 것 같다. 그렇게 우린 서로가 서로를 짠한 눈으로 바라본다.

 하지만 나는 이제 더 이상 서로의 삶을 짠하고 불쌍하다고만 생각하진 않으려 한다. 나 역시 엄마의 인생이 짠하고 불쌍하다고 생각했다. 엄마의 인생이 빼앗기고 소모되고 있다고 생각했다. 그러다 문득 나이팅게일의 인생은 빼앗기고 소모됐다고 여기지 않으면서, 엄마의 인생은 불쌍하게 여기는 내가 이상하다는 생각이 들었다. 엄마는 사람을, 그것도 평생을 함께해 온 동반자를 구하는 일, 그 숭고한 일에 자신을 바친 분이다. 아버지 역시 여러 번 찾아온 병마를 불굴의 의지로 극복한 생존자다. 두렵지만 맞섰고, 괴롭지만 유머를 잃지 않았고, 밑바닥에서도 감사와 희망의 끈을 놓지 않은 분이다. 난 두 분에게 연민이 아닌, 존경과 박수를 드려야 마땅했다.

 우리 모두는 시시포스의 형벌을 받고 있다. 아무리 애를 쓰며 산꼭대기에 바위를 밀어 올려도 바위는 다시 굴러떨어진다. 끝도 없고 어떤 희망도 없는, 죽을 때까지 끝나지 않는 형벌임을 알면서도 묵묵히 하루하루를 버텨내고 있다.

> 나는 이 사람이 무겁지만 힌걸같은 걸음걸이로, 아무리 해도 끝장을 볼 수 없을 고통을 향하여 다시 걸어 내려오는 것을 본다. 마치 내쉬는 숨과도 같은 이 시간, 또한 불행처럼 어김없이 되찾아오는 이 시간은 곧 의식의 시간이다. 그가 산꼭대기를 떠나 제신의 소굴을 향하여 조금씩 더 깊숙이 내려가는 그 순

간순간 시지프는 자신의 운명보다 더 우월하다. 그는 그의 바위보다 더 강하다.

- 알베르카뮈, 『시지프 신화』 中 -

하지만 우리는 이 피할 수 없는, 반복되는 형벌을 받으며 그동안 느끼지 못했던 삶의 맛을 알아가고 있고, 조금씩 강해지고 있음을 느낀다. 바위는 또 굴러떨어질 것을, 난 또다시 밀어 올려야 할 것을 알고 있지만 그것을 회피하거나 부정하지 않고 정면으로 마주할 수 있는 용기와 무너지지 않을 거라는 확신이 생긴다. 이 형벌 속에서도 얼마든지 웃을 수 있고, 느낄 수 있고, 함께 나눌 수 있음을 알기에…

[여기서 잠깐] 개인간병 vs 공동간병 vs 가족간병

개인간병인

환자의 상태에 따라 금액이 다르다. 평일 하루 12~15만 원 정도, 주말은 추가 비용이 발생할 수 있다. 식사비, 필요 물품비 등은 별도 부담해야 한다. 월 400만 원이 넘는 비용도 문제지만 좋은 간병인을 만나는 것은 그야말로 복불복이다.

공동간병인

1명의 간병인이 병실에 상주하며 2~6명의 환자를 돌본다. 하루 2~6만 원 정도로 개인간병인 대비 저렴하지만 1:1 케어가 불가능하다. 화장실과 식사 등 혼자 일상생활이 어느 정도 가능한 경우엔 무리가 없지만 손이 많이 가는 환자의 경우 공동간병인과의 잦은 마찰이 빚어지거나 공동간병인 제도 이용 자체가 불가능할 수 있다.

가족간병

우리나라에서 약 30% 정도가 가족이 직접 간병을 한다. 간병에 필요한 기술 습득이 필요하다. 비용뿐 아니라 환자의 안정을 위해서도 가족간병이 가장 좋지만 가족의 엄청난 희생이 따른다.

환자가 장기요양 등급 판정을 받고, 보호자가 요양보호사 자격증을 가지고 있다면 집에서 직접 간병하며 정부에서 지원되는 수당을 받을 수 있다. 실제로 병원에서 많은 보호자들이 요양보호사 자격증을 취득하는 것을 보고 엄마 역시 자격증을 취득했다.

에필로그

"I'm Batman!"

> 나는 상처를 기억하고 싶다.
> 하지만 그 상처에 언제까지나 아파하고 싶지는 않다.
>
> – 쇼펜하우어 –

경석이네 2층. 할머니와 부모님은 우리 집을 그렇게 불렀다. 지금껏 나는 경석이가 누군지도 모르고 심지어 궁금해한 적도 없다. 내겐 그저 어릴 적 우리 집을 일컫는 고유명사일 뿐이었다(아마도 당시 우리는 세를 살았을 것이고 1층 주인집 아들이 경석이었을 것이다).
내가 4살 때쯤이었을까? 경석이네 2층에 박쥐 한 마리가 들어왔다. 엄마의 증언에 따르면 당시 아버지와 형은 무서워서 이불을 뒤집어쓰고 숨었고 어린 나는 빗자루를 들고 박쥐를 쫓았단다. 하룻강아지 범 무서운 줄 몰라서일 수도 있지만 '어쩌면 난 가족을 지켜야 한다는 DNA가 내장된 채 태어난 사람이 아닐까?'라는 생각이 든다. 어린 시절부터 내 꿈은 좋은 아빠가 되는 것, 화목한 가정을 꾸리는 것이었다.
5살 때, 아파트로 이사를 갔다. 말이 아파트지 엘리베이터도 없었고 겨울엔 집에서도 입김이 났다. 이제 더 이상 집에 박쥐가 들어오진 않았지만 쥐랑 무슨 질긴 인연인 건지 이번엔 박쥐 대신 쥐가 나왔다. 1층인 우리 집 어딘가에 쥐구멍이 있었던 것 같다.

부엌 불을 켜면 '사사삭' 소리가 났다. 쥐들이 놀라 여기저기로 숨는 소리였다. 쥐들에게 충분히 숨을 시간을 주고 마음을 단단히 먹고야 부엌문을 열 수 있었다(부엌 들어가는 여닫이 중문이 있었다). 집 여기저기에 쥐약과 쥐덫을 놓았는데 끈끈이에 붙어 죽어가는 쥐를 본 적도 여러 번, 그 끈끈이를 내가 밟은 적도 여러 번이었다.
아파트 놀이터에서 친구들과 놀고 있으면 할머니의 외침이 아파트에 울려 퍼지곤 했다.
"민아!!! 쥐 잡았다!!!"
누가 보면 집안에 큰 경사라도 난 줄 알았을 것이다. 그리곤 귀를 의심했겠지. '잠깐, 소가 아니라 쥐를 잡았다고?' 그때 난 그게 부끄럽지 않았다. 다른 집에도 다 쥐가 나온다고 생각했을까? 지긋지긋한 쥐 한 마리가 없어졌다는 안도감과 우리 집엔 쥐를 잡아줄 할머니가 있다는 든든함이 있었고 역동적이고 활기찬 우리 집이 좋았다.
동네가 후져서인지 시대가 암울해서인지 거짓말 좀 보태면 부모님보다 깡패를 더 자주 만났다. 맞서 싸울 용기는 없어도 냅다 뛸 용기는 있었다. 죽기 살기로 도망쳐 깡패를 따돌리고 친구들과 도착한 종착지는 늘 우리 집이었다. 우리 집은 할미니가 주신 간식을 먹으며 놀란 가슴을 달래는 쫄보들의 안식처이자 아지트였다.
나에게 집이란 유형의 공간이 아닌 가족, 안식처와 같은 개념상의 공간이있다. 히지만 고1 무렵, 그랬던 나의 집이 무너졌다. 유형의 공간도, 개념상의 공간도.

아버지는 제정신이 아니었다. 해서는 안 될 짓을 자식들 눈앞에서 저질
렀고 엄마와 난 아버지를 피해 외할머니댁으로 피신했다(피 한 방울 안
섞였지만 내가 태어날 때부터 같이 살며 나를 길러주셨던 할머니도 친아
들 집으로 가신 후였고 형은 서울에서 대학 생활을 하고 있어 남은 건 엄
마와 나뿐이었다).
급하게 나오느라 챙기지 못한 짐을 가지러 며칠 후 다시 집에 들러야 했다.
혹시나 집에 아버지가 있을까 무서웠다. 아직 두려움에 떨고 있는 엄마는
외가에 남겨두고 나는 외삼촌 둘을 대동한 채 조심스레 집 문을 열었다.
눈앞에 펼쳐진 장면은 충격적이었다. 강도가 든 것처럼 유리창은 다 깨
져 있었고 바닥엔 신발 자국이 있었다. 온몸에 소름이 돋았다.
아버지에 대한 실망과 분노, 엄마를 지키지 못했다는 자괴감은 계속 날
따라다니며 괴롭혔지만 어른들의 걱정과는 달리 난 아무 일 없었다는 듯
잘 지냈다. 얹혀사는 처지였지만 그게 중요하지 않았다. 엄마, 외할머
니, 외할아버지가 계신 집이 내겐 아버지가 있는 집보다 편했다. 이 생활
에도 익숙해질 때쯤 엄마는 다시 집으로 돌아가자고 했다.
돌아간 집엔 뜻밖에도 아버지가 있었다. 엄마와 아버지 간엔 이미 얘기
가 오갔을 테지만 나에겐 어떤 사과도, 설명도 없었다. 가족을 지켜야 한
다는 DNA는 이제 엄마를 지켜야 한다는 것으로 리셋되었다. 내게 아버
지는 더 이상 가족이 아니었다. 나는 집에 들어온 박쥐를 당장 쫓아야 했
다. 아버지께 다가가 다짜고짜 따져 물었다.
"언제 이혼하실 거예요?"

내가 아버지를 쫓아낸 건지는 모르겠지만 어쨌든 아버지는 할머니가 살고 계신 일본으로 떠났고, 엄마와 난 이사를 했다. 집은 더 좁아졌지만 둘이 살기엔 충분했다. 한참의 나날이 흘렀고 어찌 된 연유인지 아버지가 다시 집으로 돌아왔다. 이번에도 나는 결정의 주체가 아니었다. 나는 그 어떤 설명도, 변명도 듣지 못했다.

부부싸움은 부부간의 싸움일 뿐이고 둘이 화해하면 모든 일이 다 없었던 일이 될 수 있을 거라 믿었을까? 그래도 엄마가 결정한 거라면, 엄마만 좋다면 난 상관없었다. 다만 이 결정에 아무 관여도 하지 않은 내가 '이게 다 자식을 위해서'라는 명분으로 관여되지 않았길 바랄 뿐이었다.

쫓았다 생각했던 박쥐는 다시 집에 들어왔고 이젠 박쥐와 함께 살아야 했다. 나에게 집은 해소되지 않은 내 감정을 드러내지 않고 잘 숨겨야 할 곳이었고 가정은 그래야 유지되는 것이었다.

영화 「배트맨 비긴즈」에서 주인공은 어린 시절 동굴에 떨어져 박쥐 떼를 만났고 그때부터 박쥐는 두려움의 대상이 되어 자신을 괴롭히는 트라우마로 남는다. 오랜 수련과 노력 끝에 트라우마를 극복하고 자신이 두려움의 대상인 배트맨이 되어 시민과 고담시를 구해낸다.

아버지는 피하고 싶은 대상이었지만 애초에 내가 쫓아낼 수 있는 박쥐가 아니었다. 나 스스로 아버지라는 존재를 인정하고, 어떻게든 받아들이고 극복해야 했다. 날 괴롭히는 박쥐의 존재를 받아들이고 엄마를 구해낼 수 있는, 나도 배트맨이 되길 바랐다.

아버지는 늘 우리 집의 변수였고, 불안 요소였다. 아버지로 인해 가정 경제는 휘청거렸고 좁디좁은 집에서 벗어나기는 더욱 어려워졌다. 난 결혼하고 새로운 가정을 꾸려 나왔지만 부모님은 여전히 30년 가까이 그 집에 살고 계신다.
좁은 집에 살림은 늘어갔고 물건들은 골동품처럼 쌓여갔다. 명절에 자식들이 내려와도 잘 공간이 없어 하룻밤 함께 묵을 수도 없는 집. 집은 엄마의 애환이고 나의 치부였다.

아버지는 뇌졸중과 세 번의 암 수술을 이겨냈다. 엄마는 하루 대부분을 누워 지내는 아버지 곁을 5년째 지키고 있다. 엄마를 구할 수 있는 최선의 방법은 나 역시 최선을 다해 아버지를 간병하고 엄마에게 혼자가 아니라는 느낌을 심어드리는 것이었다. 사실상 내게 아버지를 간병하는 일은 엄마를 간병하는 일이기도 했다. 엄마의 외로움과 다친 마음을.
하지만 아버지는 나를 '자신을 구하는 배트맨'이라고 생각하실 것이다. '나에게 집은 해소되지 않은 내 감정을 드러내지 않고 잘 숨겨야 할 곳'이고 '가정은 그래야 유지되는 것'이기에 난 기꺼이 아버지의 배트맨이 되기로 했다.

시간이 갈수록 아버지의 상태는 좋아졌다. 기력은 점점 떨어졌지만 정신적, 정서적인 부분에서는 안정을 되찾으셨다. 우리를 괴롭혔던 정치, 택시, 돈 이야기는 더 이상 입 밖으로 꺼내지 않으셨고 무엇보다 엄마에게 잘하셨다. 엄마 손을 잡고 미안하다, 고맙다는 말씀을 자주 하셨고 누구보다 엄마를 먼저 생각하셨다. 영상통화로 아내와 아이들 얼굴을 보여드릴 때면 아이처럼 좋아하며 눈물을 흘리셨다. 내가 감기라도 걸렸을 땐 본인의 건강보다 내 건강을 더 걱정하셨고 야구는 잘했냐 물으시며 그걸 큰 기쁨과 자랑으로 여기셨다. 어떤 계기에 의한 건지, 신경가소성으로 인해 새롭게 뇌신경 회로가 생긴 건지는 모르겠으나 아버지는 원래의 아버지로, 오히려 더 행복하고 평온한 아버지의 모습으로 돌아오고 있는 중이다.

시간이 흐르며 아버지에게 품었던 여러 감정은 바닥에 가라앉고 연민의 감정이 싹텄다. 내 마음에 여유가 생긴 탓일까? 엄마의 남편이 아닌 나의 아버지, 한 인간으로서의 아버지로 마주하게 되며 아버지에 대한 마음의 빗장이 풀렸고 그동안 내가 미처 보지 못했던, 어쩌면 외면했던 아버지의 좋은 면들이 보이기 시작했다. 약해진 아버지의 모습엔 짠한 마음이 들었고, 착해진 아버지의 모습엔 다행스럽고 감사한 마음이 들었다. 하지만 마음 한구석엔 그동안 내가 내뱉었던 말들, 마음에 품었던 나쁜 생각들이 떠오르며 죄책감이 날 짓눌렀다.

아버지의 회복, 오늘의 안온한 일상, 아버지에 대한 내 감정의 변화⋯ 이 모든 것이 가능한 단 하나의 이유를 대라면 그건 엄마다. 그땐 답답하고 바보 같아 보였던 엄마의 결정들, 지켜보기 힘들었던 엄마의 희생과 눈물, 간절한 기도가 지금의 행복을 만들었다. 힘들었던 순간 해결책이랍시고 내놓았던 나의 날 선 의견들, 옳다고 믿었고 최선인 줄 알았던 많은 것들은 많이 틀렸고, 최선이 아니었음을 이제야 깨닫는다. 엄마가 다 옳았다. 바보는 나였다.

내 뇌리에 박혀 있던 아버지에 대한 기억의 파편들, 아버지에게 품었던 여러 감정들을 곱씹어 보았다. 나는 지금까지 아버지의 행동, 그 행동이 가져온 결과, 우리가 겪은 피해만을 놓고 아버지를 재단했다. 아버지의 생각과 입장, 행동의 뿌리 같은 것들을 생각해 볼 마음의 여유가 없었다. 아버지도 미숙한 젊은이였고 불완전한 인간이라는 사실 역시 고려 대상이 아니었다. 어쩌면 유독 아버지에게 더 야박했던 이유는 엄마를 지키지 못했던, 비겁했던 내 과거에 대한 자책과 후회 때문일지도 모른다. 강하고 높게만 보였던, 넘어야 할 산 같았던 아버지가 약해지고 무너지는 과정을 지켜보니 마음이 아린다. 지금에나마 아버지의 젊은 시절을 그려보고, 아버지의 꿈과 도전, 실패와 상처, 아버지의 회한을 짐작해 본다. 병상에 누워 있는 지금 아버지가 품고 있을 꿈, 기도의 제목은 무엇일지도 궁금하다.

이렇게 나는 나도 모르는 사이에 과거의 나와 화해하고 있었고 아버지를 용서하고 있었다. 아버지라는 박쥐의 존재를 있는 그대로 받아들이길, 엄마를 구해낼 수 있는 배트맨이 되길 바랐던 나의 소망은 시간의 힘, 가족의 힘, 기록과 성찰의 힘으로 조금씩 조금씩 이뤄지고 있었다.

내가 엄마를, 아버지를 구하는 배트맨이 될 수 있을진 모르겠지만 내가 전혀 예상하지 못했던 방향으로, 전혀 눈치채지 못하는 방식으로 내 소망이 이뤄지고 있었던 것처럼 먼 훗날 어떤 모습으로 나타날지 모르는 나의 소중한 소망의 씨앗들을 오늘도 기도하는 마음으로 품어본다.

아버지가
쓰러지셨다

초판 1쇄 발행 2025. 2. 25.

지은이 설민
펴낸이 김병호
펴낸곳 주식회사 바른북스

편집진행 황금주
디자인 김효나

등록 2019년 4월 3일 제2019-000040호
주소 서울시 성동구 연무장5길 9-16, 301호 (성수동2가, 블루스톤타워)
대표전화 070-7857-9719 | **경영지원** 02-3409-9719 | **팩스** 070-7610-9719

•바른북스는 여러분의 다양한 아이디어와 원고 투고를 설레는 마음으로 기다리고 있습니다.

이메일 barunbooks21@naver.com | **원고투고** barunbooks21@naver.com
홈페이지 www.barunbooks.com | **공식 블로그** blog.naver.com/barunbooks7
공식 포스트 post.naver.com/barunbooks7 | **페이스북** facebook.com/barunbooks7

ⓒ 설민, 2025
ISBN 979-11-7263-980-8 03810

•파본이나 잘못된 책은 구입하신 곳에서 교환해드립니다.
•이 책은 저작권법에 따라 보호를 받는 저작물이므로 무단전재 및 복제를 금지하며,
이 책 내용의 전부 및 일부를 이용하려면 반드시 저작권자와 도서출판 바른북스의 서면동의를 받아야 합니다.